40 DÍAS DE ORACIÓN

Siete pasos para romper las barreras espirituales

KIT CUMMINGS

40 días de oración—*Siete pasos para romper las barreras espirituales*
© 2021 por Kit Cummings.
ISBN: 978-1-953623-76-8.
Título original *Forty Days of Prayer* © 2022.
Impreso en los Estados Unidos de América.
Todos los derechos están reservados. Ninguna parte de este libro puede ser duplicada, copiada, traducida, reproducida o almacenada mecánica, digital o electrónicamente sin el permiso específico por escrito del autor y el editorial.

A menos que se indique lo contrario, todas las referencias bíblicas provienen de la Santa Biblia, Nueva Versión Internacional, derechos de autor © 1973, 1978, 1984, 2011 de Biblica, Inc. Usado con permiso. Todos los derechos reservados en todo el mundo.

Diseño de portada: Roy Appalsamy; diseño del interior: Toney Mulhollan. Traducción realizada con el traductor DeepL; corrección de estilo: Ana María Caro Maita, Priscila Rojas Villarroel y Amy Morgan, amorganflsa@gmail.com.

Sobre el autor: Kit Cummings ha enseñado sus principios para lograr la paz en todo el mundo en los entornos más difíciles. Kit ha prestado sus servicios en más de cien prisiones, cárceles, centros de detención y centros de rehabilitación y ha trabajado con más de 10.000 reclusos en algunas de las zonas más peligrosas del mundo. En el año 2020, Kit recibió el premio Living the Dream (viviendo el sueño) de la Asociación Nacional para el Progreso de las Personas de Color (NAACP por sus siglas en inglés) por su contribución a los derechos civiles y su trabajo con los jóvenes en riesgo y la reforma penitenciaria. Ha realizado giras por África, Asia, América Latina y Europa, y es autor de cinco libros, entre ellos el premiado *Peace Behind the Wire, a Nonviolent Resolution* (paz detrás de las rejas, una resolución no violenta). En 2010, Kit fundó el Power of Peace Project (proyecto poder de la paz; POPP por sus siglas en inglés) y sigue impartiendo sus programas de resolución de conflictos en prisiones, empresas, escuelas e iglesias. Para más información sobre su trabajo y su ministerio, visita KitCummings.com.

Theatron Press—*una imprenta de Illumination Publishers*
www.ipibooks.com, 6010 Pinecreek Ridge Ct, Spring, TX 77379

Introducción

En 2004, después de quince años en el ministerio a tiempo completo, estaba exhausto y completamente sin energía. Lo que en un principio era un llamado se había transformado en una carrera. No era que hubiera perdido mi fe en Dios, o que ya no me animaba predicar. No era que ya no fuera efectivo o que no pudiera hacer crecer un ministerio. No era que hubiera perdido la conexión con los miembros de la congregación o con la gente que trabajaba conmigo. Simplemente había dejado de ver la obra de Dios en mi vida o en la vida de otros. Mi relación con Dios se había vuelto apática, mis relaciones con los hermanos en mi vida se habían vuelto superficiales, y yo me había desilusionado y amargado. Las consecuencias de una relación tibia con Dios comenzaron a aparecer. Verdaderamente cosechamos lo que sembramos. Un matrimonio en peligro y una fuerte atracción del mundo me dejaron en una posición muy vulnerable; y caí.

Esa época de mi vida casi me aplastó, pero encontré la fuerza para seguir adelante y me propuse descubrir qué había fallado y dónde estaban las grietas de mis cimientos espirituales. Ese deseo me lanzó a la aventura de un viaje que continúa hasta el día de hoy. Un maravilloso hermano y amigo me dio este encargo que cambió mi vida: "Sal al mundo y averigua lo que Dios está haciendo; luego vuelve y nos lo cuentas". Eso es justo lo que hice.

Emprendí un viaje de diez años para explorar dónde estaba trabajando nuestro Padre de manera más poderosa, y lo encontré en lugares muy inesperados. Encontré a Dios en las cárceles, en los refugios para indigentes, en las pandillas juveniles, en los centros de rehabilitación y en los países en desarrollo. Lo busqué en sinagogas, catedrales, mezquitas, templos, ashrams y cabañas para rituales de purificación. He estado en más de un centenar de prisiones, cárceles, centros de detención, refugios para personas sin hogar y centros de recuperación; y he visto cosas increíbles. He trabajado con más de 10.000 reclusos y más de 10.000 adolescentes, y han cambiado mi vida para siempre. Los "más humildes" (Mateo 25:40 DHH) se convirtieron en mi congregación y las mesas sucias en mi púlpito.

Después de mi caída, dirigí mi enojo hacia las personas, los lugares y las cosas equivocadas. Renuncié a las iglesias y a la gente de la iglesia; dejé de leer la Biblia y de orar; y empecé a ir a lugares a los que nunca debería haber ido. Entonces, una noche, golpeado por la vida, recuperé mi sensatez, oré una sencilla oración que cambió mi vida: "Padre, si alguna vez consideras oportuno que vuelva a predicar, cosa que no espero, iré a los agobiados y desamparados. Iré al hambriento, al sediento, al desnudo, al forastero, al enfermo y al preso. Por favor, no te des por vencido conmigo todavía". Y eso ha marcado la diferencia.

Me propuse estudiar y experimentar todos los temas y personas que había juzgado durante todos esos años de religión. Estudié cosmología y mecánica cuántica; biología y psicología; filosofía y religiones del mundo; evolución y ciencia del cerebro. Conocí a rabinos y líderes en el islam; sacerdotes, curanderos y chamanes; gurús, yoguis y monjes. ¿Quieres saber lo que encontré? Al fin y al cabo, volví más enamorado de Jesús de lo que nunca había estado. No solo volví a encontrar mi fe, sino que empezó a arder en mi interior un fuego que nunca se ha apagado y que sigue ardiendo hasta el día de hoy.

Durante varios años, después de renunciar al ministerio, el último lugar al que quería volver era a la iglesia, y le dije a Dios que nunca volvería a predicar. Le contamos a Dios nuestros planes y él se ríe. Decidí que me convertiría en un orador motivacional corporativo y eso es lo que hice, junto con varios trabajos que nunca podrían llenarme como lo había hecho la predicación. Entonces llegó mi milagro. Entré en mi primera prisión en el año 2009 y algo sucedió dentro de mí. No eran quienes yo pensaba que serían. Se convirtieron en mis amigos, y luego en mi grupo de hermanos desplazados en el camino de la redención. Irónicamente, las prisiones se convirtieron en mi lugar seguro, un lugar libre de juicios y críticas. Se convirtieron en la iglesia que necesitaba para sanar. Quienes podrían ser vistos como los más insignificantes tienen un increíble poder transformador si te acercas lo suficiente para captarlo.

Mi caída en desgracia había sido muy pública, y Dios sabía que necesitaba un lugar privado y seguro para sanar. En su divina sabiduría, eligió el lugar perfecto para mí. Verás, yo había pasado por algunos sufrimientos y había perdido algunas cosas, al igual que mis hermanos detrás de las rejas. Me había enfrentado al ridículo, a los chismes y a la vergüenza, al igual que ellos. Empecé a compartir con ellos cosas que no se pueden compartir en la iglesia, y me siguieron queriendo. Se reían de mi dolor, en el buen sentido, porque podían identificarse. Encontré esta magia en cada prisión a la que fui y en cada persona sin hogar a la que abracé. Estos hombres odiados, temidos y olvidados se convirtieron en mis compañeros, mis maestros, mis consejeros y mis guías. No me atreví a juzgarlos porque recordaba cómo se sentía.

Seguramente, había descubierto lo que Dios tramaba, y en poco tiempo estaba predicando sobre ello; algo que juré no volver a hacer. Ten cuidado con lo que le dices a nuestro Padre. Él se acordó de aquella promesa que hice sobre los agobiados y desamparados, y una noche, entre lágrimas, yo también me acordé. Él estaba escuchando, estaba trabajando, y lo llevó a cabo de una manera que yo nunca podría haber imaginado, y ciertamente de una manera de la que no me atrevería a atribuirme el mérito. Me llevó a ayudar a los más desfavorecidos en la india, Sudáfrica y Ucrania; en Honduras,

Guatemala, México y en toda América. Una vez que me enganché a este poderoso ministerio, me aburrí del cristianismo tradicional que había practicado durante años. Me engancho a cualquier cosa que me haga sentir bien, y me hice adicto a lo que es REAL. Una vez que probé que el Señor era bueno (Salmo 34:8), desarrollé una insaciable sed de más. El Espíritu se convirtió en mi guía, y seguí yendo a donde me invitaban.

En algún momento del viaje empecé a esperar milagros e incluso comencé a buscarlos. Empecé a escribir oraciones que me dieron miedo y cosas que realmente desafiaban mi fe, y las revisaba diariamente. Empecé a buscar las huellas dactilares de Dios y la evidencia de que él estaba trabajando para lograr los milagros que yo buscaba. Empecé a escribir un diario sobre las cosas que veía y aprendía. Empecé a dar pasos visibles hacia las cosas que le pedía a Dios que hiciera por mí. Vi que se desarrolló tal impulso que comencé a orar por más y más milagros. Había visto a Dios hacer cosas increíbles en los lugares más abandonados y con las personas más olvidadas, y eso cambió la forma en que veía todo y a todos.

Encontré a un Padre al que había echado de menos durante todos esos años en los que estuve predicando, enseñando y aconsejando. Descubrí a un Dios al que le gusta jugar y al que le gusta mostrarme cosas a través de señales y maravillas. Ya no vi a un Señor que se enfadaba conmigo cuando desobedecía, o que se enojaba conmigo cuando fallaba. En cambio, vi a mi Abba apoyándome y ayudándome a levantarme cuando volvía a resbalar. La Biblia empezó a cobrar vida cuando vi a Jesús y la forma en que trataba a la gente. ¿Cómo me lo había perdido? Mi vida de oración se convirtió en un gran juego de escondite mientras buscaba más y más lugares donde se escondía. A medida que me guiaba, empecé a verlo en todas partes.

Este proceso se convirtió en la creación de este libro. Me funcionó tan bien que decidí compartirlo con el mundo. Nadie ha visto la mejor obra de mi vida, al menos ninguno de ustedes. Dios solo permitió que presos, pandilleros, adictos, prostitutas y hermosos hermanos y hermanas indigentes fueran testigos de ello. Y también conocí a algunos ángeles en el camino. Creo que se esconden entre los más humildes y observan cómo los tratamos. En 2012, Dios me llamó a hablar de lo que había visto y oído, y eso es lo que he hecho. Estoy a punto de lanzar mi sexto libro, y no será el último.

El Padre me enseñó a amar sin pretensiones y sin ataduras. Me enseñó a no juzgar, sino a buscar a Dios en las personas. Me enseñó a trabajar con otros que no se parecen a mí, ni creen como yo, ni votan como yo. Me enseñó que los últimos serán los primeros y que está utilizando las cosas insignificantes, odiadas y despreciadas de este mundo para avergonzar a los sabios, tal como dijo que haría. No me arrepiento del pasado ni quiero cerrarle la puerta. Cada paso de esta loca aventura ha jugado un papel, al igual que cada error, y cada individuo que he conocido a lo largo de este camino. Deseo lo mismo para ti.

¿Tu relación con Dios se ha vuelto aburrida, cansada o pesada? ¿La Biblia se ha vuelto monótona y rutinaria? ¿Sientes que la iglesia ha perdido su fuego y su capacidad de inspirarte? Estoy aquí para decirte que hay esperanza. Soy un ejemplo viviente de que Dios ama a los cabezas de chorlito y hace su mejor trabajo cuando estamos destrozados y caídos en el suelo. Si puede usar a un predicador borracho y derrotado como yo, entonces ciertamente puede usarte a ti. Si puede movilizar un ejército de guerreros fieles detrás de las rejas, entonces puede levantarte a ti también. Tus mejores días están ciertamente por venir, si estás dispuesto a probar algo nuevo. Si seguimos haciendo las mismas cosas que siempre hemos hecho, entonces seguiremos obteniendo lo que siempre obtenemos.

Repasemos el proceso y comencemos este viaje milagroso.

Primero, te comprometerás a ponte de rodillas a primera hora de la mañana. Esta práctica cambió mi vida. Que sea lo primero que hagas: levántate de la cama, arrodíllate y simplemente levanta tus ojos hacia Dios. Puede ser una oración tan corta como quieras, ¡y luego corre al baño! Este simple acto de sumisión marca el tono de tu día y dirige tu energía y enfoque hacia su poder y no el tuyo. Este acto es el que muchos participantes en este proyecto dicen que tuvo el mayor impacto en su vida. Llevo tantos años haciendo esto que no puedo salir de la cama de otra manera.

A continuación, propondrás diez oraciones imposibles, es decir, imposibles de realizar sin el poder divino (si quieres, puedes proponer más de diez). Deben ser oraciones que te asusten un poco. Pueden referirse a tu matrimonio o a tus hijos; a tu salud o a tus finanzas; a tu carácter o a tu valor; al pecado que más te atrapa o al perdón. Son cosas que tal vez hayas dejado de creer que sean posibles para ti. Tal vez tengas miedo de que se te rompa el corazón si la esperanza se posterga una vez más. No es que no creas que es posible, sino que quizás no crees que sea posible para ti o para los tuyos. Aquí está mi ánimo para ti: un corazón roto no es tan malo. Prefiero que se me rompa el corazón persiguiendo mis sueños a que se me rompa lentamente durante años de desilusión y desánimo por no haber estirado mi fe.

Luego, revisa tus oraciones milagrosas cada día y comprométete a orar por estas cosas a lo largo del día. Al decirlas por la mañana, no te olvides de ellas mientras sigues con tu día. Tu Padre está trabajando SIEMPRE. Este proyecto consiste en ver lo que él está haciendo diariamente. Aprenderás a orar mientras caminas, y mientras te sientas. Soñarás con tus milagros y te imaginarás su llegada. Esto es lo que la Biblia llama andar por el Espíritu. Habla con él y escúchalo mientras avanzas por el camino.

A continuación, empezarás a dar pasos evidentes hacia tus milagros cada día. Mientras observas y oras, el Espíritu te empujará con pensamientos, ideas y respuestas, pero debes moverte cuando él te estimule. Cuando tengas el pensamiento de acercarte a alguien o de dar un paso en nombre de Dios, ese es el momento de actuar. Entonces te pondrás a pensar en los movimientos que puedes hacer para mostrarle a Dios que estás prestando atención. Cuando das un paso, Dios da dos. Ahora estás generando un momento crucial.

Sumado a todo lo anterior, comenzarás a escribir un diario sobre la evidencia que encuentras de que Dios está trabajando a tu favor. Yo llamo a esto "buscar las huellas de Dios". Esta es una parte muy importante del proceso. A lo largo de los cuarenta días, desarrollarás el hábito de la búsqueda de tesoros, mientras buscas la respuesta de Dios a tus peticiones y deseos. Escribir un diario se está convirtiendo en un arte perdido, pero es muy poderoso cuando se practica. Creo que se vuelve real para ti cuando lo escribes, y creo que a tu Padre le gusta cuando se vuelve real para ti. A medida que registras las pruebas, empiezas a buscar más, y entonces empezarás a notarlo en todas partes.

Estos registros te ayudarán a mantener tu corazón puro y blando cuando falles, pues, al arrepentirte, verás que el Espíritu te está señalando cosas en el camino. No es que Dios deje de obrar cuando caemos, sino que no podemos verlo cuando nuestros corazones están tapados y se endurecen por el engaño del pecado. Mantén tu lado de la calle limpio y comenzarás a verlo más claramente. Cuando estoy atrapado en la culpa o la vergüenza, mis ojos se enfocan en mí mismo y ya no puedo ver a los demás a mi alrededor con tanta claridad. La culpa puede ser una motivación, ya que implica sentirte mal por algo que has hecho. Sin embargo, la vergüenza es más destructiva porque implica sentirte mal por quien SOY YO. Simplemente hay que ver el mal y corregirlo. No podemos permitir que la vergüenza forme parte de este juego.

Comenzarás el proceso de reorientarte a un estado de gratitud cuando te atrapes quejándote, culpando o poniendo excusas. Todas estas son estrategias para el fracaso. Este tipo de mentalidad te roba el poder y aparta tus ojos de Dios y de lo que está obrando en tu vida. La gratitud en medio del sufrimiento es una energía poderosa y hace que todo siga fluyendo y abierto. Cuando desarrollas un hábito de gratitud, abres las compuertas de las bendiciones en tu vida. Cuando nos centramos en todas las razones por las que somos desgraciados, seguimos encontrando pruebas de lo mismo. Aquello en lo que nos enfocamos, se expande y aquello que buscamos es lo que vamos a encontrar.

Por último, al concluir el estudio de cada semana, veremos una serie de preguntas poderosas que Jesús hizo a la gente. Jesús sacó a relucir lo que había en el corazón de las personas haciendo grandes preguntas. En esta parte del proyecto se genera una discusión muy fructífera, y es ideal para familias y grupos pequeños. Imagina que Jesús te hace estas preguntas mientras le suplicas que actúe en tu vida. Estas preguntas descubrirán las excusas y las cosas en las que escondemos cuando nos atascamos.

Si quieres llevar tu vida de oración a niveles superiores, te recomiendo que consigas un compañero de oración para este esfuerzo. La rendición de cuentas es muy poderosa cuando deseas llevarla a cabo. Estás intentando romper viejos hábitos que no te sirven y reemplazarlos por otros nuevos. Esto no es fácil, ya que tu cerebro se aferra obstinadamente a los hábitos que ha desarrollado con el tiempo. Tener a alguien junto a ti en la batalla te dará fuerzas si llegas a tener la tentación de interrumpir tu entrenamiento espiritual. Si vas a comprometerte con este proyecto, hazlo con todo tu corazón. Quién sabe, tal vez tu compañero de oración te necesite tanto o más que tú a él.

También puedes ir un paso más allá. Haz que tu familia o grupo pequeño lo lleven a cabo como un proyecto. También enseño esto como un curso para alcanzar un progreso espiritual en ocho semanas dirigido a congregaciones pequeñas y medianas. Esto puede despertar a una iglesia dormida y darle pasión a tu ministerio.

Recientemente he facilitado este entrenamiento a través de Zoom con iglesias en Sudáfrica, incluyendo Pretoria, Johannesburgo y Durban. La tecnología nos permite conectarnos en todo el mundo. Este es un movimiento de oración del que tú también estás formando parte.

He comenzado un pequeño grupo con algunos hermanos que buscan milagros en diferentes partes de Norteamérica. Nos llamamos los Cuatro Jinetes. Edi está en Alberta, Canadá; John está en Winston-Salem, Carolina del Norte; Jeff está en San Diego, California; y yo estoy en Atlanta, Georgia. Cada semana tenemos una reunión vía Zoom, discutimos lo que Dios está haciendo en nuestras vidas y nos apoyamos mutuamente. A medida que avanzamos juntos en este proyecto una y otra vez, nos enviamos vídeos cortos cada día, compartimos lo que sacamos del devocional de cada día, y nos desafiamos mutuamente. Este proceso nos está acercando y cambiando nuestras vidas. Hay poder en los grupos pequeños.

Una última palabra de ánimo: presta atención a los pequeños milagros y no te desanimes si no ves a Dios obrar en tus oraciones imposibles. La mayoría de las veces descubro que sus respuestas no vienen en la envoltura que esperaba. Es asombroso cuando descubro una vez más que él ha respondido a otra oración imposible de una manera que nunca hubiera esperado, o incluso notado si es que no estuviera prestando atención. Cuando tus oraciones imposibles sean respondidas, subráyalas en tu lista y grítalo a los cuatro vientos. Dale toda la gloria a Dios y anima a otros a aceptar el reto de los cuarenta días de oración.

Mi oración para ti es que comiences a VER a Dios en toda su gloria trabajando para ti cada día. "Deléitate en el Señor, y él te concederá los deseos de tu corazón".

Paz a ti y a los tuyos. Comencemos: los milagros nos esperan.

Durante los próximos cuarenta días me comprometo a realizar el

Compromiso de oración en siete puntos

1. Me pondré de rodillas a primera hora de cada mañana.

2. Escribiré mi lista de oraciones imposibles y la colocaré en un lugar visible.

3. Oraré por estas cosas diariamente, e incluso cada hora cuando sea necesario.

4. Daré pasos visibles hacia mis milagros cada día.

5. Atenderé y registraré los "Milagros y perspectivas espirituales que he descubierto" y la evidencia de la obra de Dios en mi vida cada día.

6. Cuando me equivoque, lo admitiré rápidamente y lo enmendaré.

7. Trataré mis dudas, excusas y quejas con diligencia y fidelidad, y elegiré la gratitud en su lugar.

Para empezar cada día, lee en voz alta la siguiente oración y memorízala:

Señor, hazme un instrumento de tu paz.
Donde hay odio, que lleve yo el amor.
Donde haya ofensa, que lleve yo el perdón.
Donde haya duda, que lleve yo la fe.
Donde haya desesperación, que lleve yo la esperanza.
Donde haya tinieblas, que lleve yo la luz.
Donde haya tristeza, que lleve yo la alegría.

Oh, Maestro Divino,
Haz que yo no busque tanto ser consolado, sino consolar;
ser comprendido, sino comprender;
ser amado, sino amar.
Porque es en dar que recibimos;
es en perdonar que somos perdonados;
y es en morir que nacemos a la Vida Eterna.

—atribuido a San Francisco de Asís

A medida que tus oraciones imposibles sean respondidas, habla abiertamente de ellas para animar a otros a creer y participar.

Mi lista de oraciones imposibles de 40 días

1) _____
2) _____
3) _____
4) _____
5) _____
6) _____
7) _____
8) _____
9) _____
10) _____

> "Tengan fe en Dios —respondió Jesús—. Les aseguro que, si alguno le dice a este monte: 'Quítate de ahí y tírate al mar', creyendo, sin abrigar la menor duda de que lo que dice sucederá, lo obtendrá. Por eso les digo: Crean que ya han recibido todo lo que estén pidiendo en oración, y lo obtendrán. Y cuando estén orando, si tienen algo contra alguien, perdónenlo, para que también su Padre que está en el cielo les perdone a ustedes sus pecados".
>
> —Mateo 11:22-25

Empecemos a mover algunas montañas ...

Un día estaba Jesús orando en cierto lugar. Cuando terminó, le dijo uno de sus discípulos:

—Señor, enséñanos a orar, así como Juan enseñó a sus discípulos.

Él les dijo:

—Cuando oren, digan:

'Padre,

santificado sea tu nombre.

Venga tu reino.

Danos cada día nuestro pan cotidiano.

Perdónanos nuestros pecados,

porque también nosotros perdonamos a todos los que nos ofenden.

Y no nos metas en tentación'.

"Supongamos —continuó— que uno de ustedes tiene un amigo, y a medianoche va y le dice: 'Amigo, préstame tres panes, pues se me ha presentado un amigo recién llegado de viaje, y no tengo nada que ofrecerle'. Y el que está adentro le contesta: 'No me molestes. Ya está cerrada la puerta, y mis hijos y yo estamos acostados. No puedo levantarme a darte nada'. Les digo que, aunque no se levante a darle pan por ser amigo suyo, sí se levantará por su impertinencia y le dará cuanto necesite.

"Así que yo les digo: Pidan, y se les dará; busquen, y encontrarán; llamen, y se les abrirá la puerta. Porque todo el que pide recibe; el que busca encuentra; y al que llama, se le abre.

"¿Quién de ustedes que sea padre, si su hijo le pide un pescado, le dará en cambio una serpiente? ¿O, si le pide un huevo, le dará un escorpión? Pues, si ustedes, aun siendo malos, saben dar cosas buenas a sus hijos, ¡cuánto más el Padre celestial dará el Espíritu Santo a quienes se lo pidan!"

—Jesus (Lucas 11:1-13)

Día uno

Génesis 15:1-6

> Después de esto, la palabra del SEÑOR vino a Abram en una visión:
>
> "No temas, Abram.
>
> > Yo soy tu escudo,
> >
> > y muy grande será tu recompensa".
>
> Pero Abram le respondió:
>
> SEÑOR y Dios, ¿para qué vas a darme algo, si aún sigo sin tener hijos, y el heredero de mis bienes será Eliezer de Damasco? Como no me has dado ningún hijo, mi herencia la recibirá uno de mis criados.
>
> —¡No! Ese hombre no ha de ser tu heredero —le contestó el SEÑOR—. Tu heredero será tu propio hijo.
>
> Luego el SEÑOR lo llevó afuera y le dijo:
>
> —Mira hacia el cielo y cuenta las estrellas, a ver si puedes. ¡Así de numerosa será tu descendencia!
>
> Abram creyó en el SEÑOR, y el SEÑOR lo reconoció como justicia.

Podríamos empezar por donde inició la fe para muchos. Tres religiones mundiales y casi dos tercios de la población mundial se remontan a la fe de este hombre; Abraham es conocido para siempre como el padre de la fe. ¿Por qué? Porque creyó en Dios, y punto. Y esa creencia lo llevó a la acción. Abraham y Sara ya habían pasado la edad de tener hijos. Esto era definitivamente territorio de milagros. Él confiaba en que Dios haría algo que parecía imposible y fuera de lo normal, simplemente porque Dios lo había prometido. Sara se rio de la idea, pero Abraham se atrevió a creer más allá de lo que era visible y "realista". Y mira lo que resultó de ese único acto de fe. Había docenas de razones para que no creyera, muchas evidencias en contra de esta loca idea, y muchas oportunidades para que se convenciera a sí mismo de no ilusionarse.

¿Cuál es tu oración "imposible" a Dios? ¿A qué has renunciado? ¿Qué te parece poco realista, poco razonable pedirle? ¿Tienes el tipo de relación con tu Padre en la que puedes atreverte a pedirle cosas que están mucho más allá de la razón o de tu experiencia típica? Comienza hoy tu lista de oraciones imposibles y ponte a prueba. Escribe cosas que te den un poco de miedo. Dios le dio a Abraham un hijo a la edad de cien años. Pero primero tuvo que creer que Dios tenía el poder de hacer lo que dijo que haría. Imagina lo que Dios puede lograr en tu vida, si tan solo le pides y crees. "¿Acaso hay algo imposible para el Señor?" (Génesis 18:14). Ponte de rodillas y estira tu fe. Mira las estrellas: tu viaje de fe ha comenzado.

Milagros y perspectivas espirituales que he descubierto

_____
_____
_____
_____
_____
_____
_____
_____
_____
_____
_____
_____

Día dos

Génesiss 18:22-25

> Dos de los visitantes partieron de allí y se encaminaron a Sodoma, pero Abraham se quedó de pie frente al SEÑOR. Entonces se acercó al SEÑOR y le dijo:
>
> —¿De veras vas a exterminar al justo junto con el malvado? Quizá haya cincuenta justos en la ciudad. ¿Exterminarás a todos, y no perdonarás a ese lugar por amor a los cincuenta justos que allí hay? ¡Lejos de ti el hacer tal cosa! ¿Matar al justo junto con el malvado, y que ambos sean tratados de la misma manera? ¡Jamás hagas tal cosa! Tú, que eres el Juez de toda la tierra, ¿no harás justicia?

Todos estamos interconectados. Una bendición repercute en otra, y cada maldición tiene un efecto dominó. No tenemos ni idea de cómo nuestra fe puede afectar a otros. Abraham tenía un corazón para la gente, no solo para su propio pueblo. También tenía el tipo de relación con Dios en la que sentía que podía razonar con él y tratar de persuadirlo. A Dios no le importaba esto. Dios tenía un lugar especial en su corazón para su hijo y animó a Abraham a "arreglar las cosas" con él. ¿Quién en tu vida necesita desesperadamente una oración de intercesión? Alguien está luchando por su vida espiritual y necesita que en oración tú razones con Dios a su favor (quizás está demasiado débil para seguir luchando). Agrégalos a tu lista de oraciones imposibles y ora específicamente por su liberación todos los días. Orar por otros añade un poder especial a tu vida de oración personal también. Observa la evidencia de que las circunstancias están a punto de cambiar debido a tu fe. No tengas miedo de recordarle a Dios sus promesas; parece que él te anima a hacerlo. Considera la posibilidad de traer a esta persona a tu viaje como compañero de oración durante las próximas seis semanas. Quién sabe, puede que cambie la vida de ambos para siempre.

Milagros y perspectivas espirituales que he descubierto

_____
_____
_____
_____
_____
_____
_____
_____
_____
_____
_____
_____
_____
_____
_____
_____
_____
_____
_____
_____
_____
_____

Día tres
2 Crónicas 14:11

> Allí Asá invocó al SEÑOR su Dios y le dijo: "SEÑOR, solo tú puedes ayudar al débil y al poderoso. ¡Ayúdanos, SEÑOR y Dios nuestro, porque en ti confiamos, y en tu nombre hemos venido contra esta multitud! ¡Tú, SEÑOR, eres nuestro Dios! ¡No permitas que ningún mortal se alce contra ti!".

A veces nos sentimos como si estuviéramos enfrentando adversidades insuperables y la derrota parece inminente. Hay un enorme ejército que viene contra nosotros y nuestras espaldas están contra la pared; sin embargo, debes recordar que Dios es esa "pared". ¿Cuál es la batalla "imposible de ganar" que estás enfrentando en este momento en tu vida? ¿Es una preocupación financiera, un problema de salud, problemas matrimoniales, hijos en problemas o una crisis espiritual? Es el momento de correr de regreso hacia esa batalla, pero con una fe renovada. Estas son las áreas de nuestra vida que nos desgastan y con el tiempo nos quitan nuestro coraje. Clama a Dios para que venga a rescatarte, y no temas llevar su honor a ello, como hizo Asá. ¿Es tu Dios más grande que tu problema, o tu problema parece más grande que Dios? Ciertamente no lo es. Las líneas de batalla han sido trazadas, y el enemigo te está gritando a través ellas. Tu Dios está esperando para entrar en la batalla en tu nombre. Invoca a Dios y enfréntate a los "enemigos" de tu vida. Ahora anda y busca la respuesta de Dios.

Milagros y perspectivas espirituales que he descubierto

Día cuatro

Mateo 8:5-8, 13

> Al entrar Jesús en Capernaúm, se le acercó un centurión pidiendo ayuda.
>
> —Señor, mi siervo está postrado en casa con parálisis, y sufre terriblemente.
>
> —Iré a sanarlo —respondió Jesús.
>
> —Señor, no merezco que entres bajo mi techo. Pero basta con que digas una sola palabra, y mi siervo quedará sano [...]
>
> Luego Jesús le dijo al centurión:
>
> —¡Ve! Todo se hará tal como creíste.
>
> Y en esa misma hora aquel siervo quedó sano.

Este gentil romano tenía una fe que asombró a Jesús y era más pura y poderosa que la del pueblo de Dios. Entendía cómo funcionaba el poder en el "mundo real" y razonaba que las cosas funcionaban de manera similar en el mundo de la fe. El hecho de que entendiera y confiara en la autoridad de Jesús llamó la atención del Maestro e hizo que girara su cabeza hacia él; ¡y eso que era un gentil "pecador"! ¿Deseas asombrar a Jesús hoy? Ora algo que nunca te hayas atrevido a orar y ni siquiera hayas soñado con hacerlo. Reclama la autoridad de Jesús sobre un área de tu vida que ha sido una "espina" en tu costado (2 Corintios 12:7), una fortaleza que todas las tácticas normales no han logrado desmantelar. Él tiene todo el poder; debemos invocar su autoridad para eliminar esa fortaleza. Identifica claramente el problema; luego, ponlo en manos del poder de Jesús y de su autoridad. Mira tu lista de oraciones imposibles y ora a través de ella con el poder divino para derribar fortalezas (2 Corintios 10:4). Ve. Se hará tal como tú crees. Eso es una bendición o una maldición, dependiendo de tu fe.

Milagros y perspectivas espirituales que he descubierto

Día cinco

Hechos 4:29-31

> "Ahora, Señor, toma en cuenta sus amenazas y concede a tus siervos el proclamar tu palabra sin temor alguno. Por eso, extiende tu mano para sanar y hacer señales y prodigios mediante el nombre de tu santo siervo Jesús".
>
> Después de haber orado, tembló el lugar en que estaban reunidos; todos estaban llenos del Espíritu Santo, y proclamaban la palabra de Dios sin temor alguno.

La persecución y la oposición llegaron a los apóstoles debido a su valiente postura por la verdad. ¿Hay algún área de tu vida que esté siendo atacada simplemente porque te niegas a tolerar, ceder o someterte a la presión de los demás? Lo que necesitas es una *audacia divina*. Los apóstoles ya actuaban con audacia en el nombre del Señor, pero ahora necesitaban la intervención divina para pasar al siguiente nivel. Tal vez lo estés haciendo muy bien. ¿Por qué no ir a un lugar en el que nunca has estado antes espiritualmente? Participa en una oración que "sacuda la tierra". A Dios le encanta que le invoques con fuerza, no solo cuando te quedas sin otras opciones. Ve a un lugar especial con un amigo de confianza, donde puedan gritar al Señor y pedirle que actúe en su favor con respecto a sus oraciones imposibles. Dos son mejor que uno, y hay poder espiritual en los números. Invoquen juntos a Dios para que considere las amenazas y los obstáculos espirituales y les permita ser aún más audaces. La mayoría de las veces descubrirás que después de orar con fe, esas amenazas son solo "bravucones impostores" que deben ser desafiados. El miedo y la fe no pueden ocupar exactamente el mismo espacio y tiempo. Simplemente reemplaza tu miedo con fe a través de oraciones audaces. Ahora tienes un compañero de oración con el que caminar mientras continúas este viaje de seis semanas de milagros.

Milagros y perspectivas espirituales que he descubierto

Día seis

Hechos 10:1-4

> Vivía en Cesarea un centurión llamado Cornelio, del regimiento conocido como el Italiano. Él y toda su familia eran devotos y temerosos de Dios. Realizaba muchas obras de beneficencia para el pueblo de Israel y oraba a Dios constantemente. Un día, como a las tres de la tarde, tuvo una visión. Vio claramente a un ángel de Dios que se le acercaba y le decía:
>
> —¡Cornelio!
>
> —¿Qué quieres, Señor? —le preguntó Cornelio, mirándolo fijamente y con mucho miedo.
>
> —Dios ha recibido tus oraciones y tus obras de beneficencia como una ofrenda —le contestó el ángel—.

Dios vigila y busca continuamente en toda la tierra a personas que no solo oran, sino que caminan por fe y muestran su fe en acciones. Una vez más, Dios utiliza la fe de un gentil como ejemplo para su pueblo elegido. Cornelio no solo temía a Dios y oraba regularmente, sino que daba generosamente a los necesitados. ¿Has caído en el hábito de pedirle a Dios algo por la mañana y luego salir por la puerta y olvidarte por completo de lo que has orado? Hoy debes recordar que Dios está observando tus buenas acciones, y que responde rápida y poderosamente a aquellos que combinan la fe con la acción. Haz hoy algo desinteresado por alguien necesitado, alguien que no pueda pagarte. Tómate el tiempo de ver a las personas que Dios pone en tu camino. Te sorprenderá ver que Dios responde a muchas de nuestras oraciones a través de lo que parecen ser encuentros aleatorios con completos desconocidos. A veces verás que incluso utiliza a los ángeles si prestas suficiente atención. Las personas con las que te vas a encontrar hoy no son meras distracciones u obstáculos, sino más bien mensajeros y oportunidades. Ve la mano de Dios en todo lo que hagas hoy. Ahora, ve y busca tu respuesta de Dios, pero búscala en los ojos de las personas que se cruzan en tu camino.

Milagros y perspectivas espirituales que he descubierto

_____
_____
_____
_____
_____
_____
_____
_____
_____
_____
_____
_____
_____
_____
_____
_____
_____
_____
_____

Día siete

Lucas 23:39-43

> Uno de los criminales allí colgados empezó a insultarlo:
>
> —¿No eres tú el Cristo? ¡Sálvate a ti mismo y a nosotros!
>
> Pero el otro criminal lo reprendió:
>
> —¿Ni siquiera temor de Dios tienes, aunque sufres la misma condena? En nuestro caso, el castigo es justo, pues sufrimos lo que merecen nuestros delitos; este, en cambio, no ha hecho nada malo.
>
> Luego dijo:
>
> —Jesús, acuérdate de mí cuando vengas en tu reino.
>
> —Te aseguro que hoy estarás conmigo en el paraíso —le contestó Jesús.

No puedo esperar a conocer a este hombre (tradicionalmente conocido como Dimas) en el cielo. Qué increíble final para una vida posiblemente desperdiciada. No sé si este hombre era un criminal de carrera o simplemente tuvo un mal día, pero sé que debe ser uno de los individuos más agradecidos de todos los tiempos. ¿Y si solo lo hubiera pensado, pero se hubiera mantenido en silencio? ¿Y si se hubiera convencido a sí mismo de no pedirlo y se hubiera rendido? ¿Y si hubiera estado convencido de que Jesús le respondería en forma negativa y no hubiera perdido el tiempo, y de esa manera se hubiera equivocado terriblemente? (Por cierto, somos unos "adivinos" terribles). Pero no lo hizo. Hizo la pregunta correcta al único que podía darle lo que realmente deseaba. Y para aquellos que piensan que no son "lo suficientemente buenos" para pedirle a Dios ayuda en un área en particular, solo pregúntale a Dimas.

Él tampoco era un buen tipo. ¿Estás dispuesto a pedirle a Dios? Deja de negarte a tu milagro con autoconvencimientos infundados. Pídele en voz alta. Deja de pensar que ya sabes lo que va a decir. Pregúntale una y otra vez. Pídele hasta que encuentres tu milagro. No tienes ni idea de lo que hará por ti hasta que lo intentes. ¡Solo pregúntale a Dimas!

Milagros y perspectivas espirituales que he descubierto

Discusión de la primera semana
Juan 5:1-10

Algún tiempo después, se celebraba una fiesta de los judíos, y subió Jesús a Jerusalén. Había allí, junto a la puerta de las Ovejas, un estanque rodeado de cinco pórticos, cuyo nombre en arameo es Betzatá. En esos pórticos se hallaban tendidos muchos enfermos, ciegos, cojos y paralíticos. Entre ellos se encontraba un hombre inválido que llevaba enfermo treinta y ocho años. Cuando Jesús lo vio allí, tirado en el suelo, y se enteró de que ya tenía mucho tiempo de estar así, le preguntó:

—¿Quieres quedar sano?

—Señor —respondió—, no tengo a nadie que me meta en el estanque mientras se agita el agua y, cuando trato de hacerlo, otro se mete antes.

—Levántate, recoge tu camilla y anda —le contestó Jesús.

Al instante aquel hombre quedó sano, así que tomó su camilla y echó a andar. Pero ese día era sábado. Por eso los judíos le dijeron al que había sido sanado:

—Hoy es sábado; no te está permitido cargar tu camilla.

Temas y preguntas de la primera semana

- ¿Realmente quieres estar bien, quedar sano? Comparte por qué.

- Discute las señales que hay cuando una persona realmente quiere ser sanada.

- Discute las razones por las que alguien podría querer seguir viviendo en un estado de desgracia en lugar de ser sanado, y las excusas que uno podría utilizar para permanecer en su condición actual.

- Discute las responsabilidades que conlleva la recuperación.

Día ocho

Daniel 9: 20-23a

> Yo seguí hablando y orando al SEÑOR mi Dios. Le confesé mi pecado y el de mi pueblo Israel, y le supliqué en favor de su santo monte. Se acercaba la hora del sacrificio vespertino. Y mientras yo seguía orando, el ángel Gabriel, a quien había visto en mi visión anterior, vino en raudo vuelo a verme y me hizo la siguiente aclaración:
>
>> "Daniel, he venido en este momento para que entiendas todo con claridad. Tan pronto como empezaste a orar, Dios contestó tu oración. He venido a decírtelo porque tú eres muy apreciado".

¿Qué tan alentador es eso? Cuando Daniel comenzó a orar, Dios envió inmediatamente a Gabriel con una respuesta (¡y ni siquiera había terminado la oración!). Imagina a los ángeles de pie ante Dios esperando les indiquen sus tareas, y entonces Daniel comienza a orar y sus oraciones entran en el salón del trono. "¡Gabriel, atención!". Ahora, detente antes de decir: "Bueno, ese era Daniel, y eso ocurrió en ese entonces". ¿Por qué Dios trabajaría de esa manera entonces y no para ti ahora? Él no está encerrado en el espacio y el tiempo; lo ve todo ante él, así que no hay un "entonces versus hoy en día" en el reino espiritual. ¿Acaso ya no creemos que obre así? Recuerda, eres muy apreciado. Ora tu lista de oraciones imposibles de rodillas y en voz alta, y visualiza a los ángeles "volando" inmediatamente con una respuesta. ¡Dios está al borde de su trono esperando ver alguna fe imposible! Los ángeles son espíritus dedicados al servicio divino, enviados para ayudarnos (Hebreos 1:14). Están listos, dispuestos y capacitados para obrar como Dios les ordene. Involúcralos en tu buena lucha, y luego ve en busca de su respuesta. ¡Atención, Gabriel!

Milagros y perspectivas espirituales que he descubierto

Día nueve

2 Samuel 7:18-22

> Luego el rey David se presentó ante el SEÑOR y le dijo:
>
> "SEÑOR y Dios, ¿quién soy yo, y qué es mi familia, para que me hayas hecho llegar tan lejos? Como si esto fuera poco, SEÑOR y Dios, también has hecho promesas a este siervo tuyo en cuanto al futuro de su dinastía. ¡Tal es tu plan para con los hombres, SEÑOR y Dios!
>
> "¿Qué más te puede decir tu siervo David que tú no sepas, SEÑOR mi Dios? Has hecho estas maravillas en cumplimiento de tu palabra, según tu voluntad, y las has revelado a tu siervo.
>
> "¡Qué grande eres, SEÑOR omnipotente! Nosotros mismos hemos aprendido que no hay nadie como tú, y que aparte de ti no hay Dios".

La gratitud de David produjo una profunda humildad en su vida de oración. Se sentía como si fuera el hombre más afortunado del planeta, ¡y piensa en todo lo que había pasado! Sinceramente creía que Dios había cuidado especialmente de él y que era realmente un "hijo predilecto". David había cometido algunos de los peores pecados imaginables y, sin embargo, Dios lo llamó un hombre conforme a su corazón (Hechos 13:22). ¿Te sientes así? He visto de primera mano a algunas de las personas más pobres y necesitadas del mundo con algunas de las actitudes de gratitud más sorprendentes. Las bendiciones espirituales, muchas veces, no tienen nada que ver con las posesiones mundanas o los atributos físicos. ¿Quieres que tu vida de oración alcance niveles superiores? Encuentra tu gratitud. Haz una lista hoy de todas las bendiciones en tu vida, antes de empezar a orar. No es necesario que sea larga, pero ciertamente puede serlo. Sin embargo, tiene que ser genuina y sincera. Medita en todo lo que Dios ha hecho por ti y en lo mucho que ya te ha bendecido. Ahora, con esa energía poderosa y agradecida, recordando cómo te ha respondido en el pasado, presenta tus peticiones a Dios. Ora audazmente por cosas "imposibles" y milagrosas, con profunda, humilde y abundante gratitud al Rey de reyes. Recuerda que él ha demostrado su fidelidad una y otra vez, y ten la certeza de que también está respondiendo a estas oraciones, incluso mientras las estás orando. La gratitud abre la puerta para que las bendiciones fluyan en tu vida.

Milagros y perspectivas espirituales que he descubierto

Día diez
Salmo 51:10-13

> Crea en mí, oh Dios, un corazón limpio,
> > y renueva la firmeza de mi espíritu.
> No me alejes de tu presencia
> > ni me quites tu santo Espíritu.
> Devuélveme la alegría de tu salvación;
> > que un espíritu obediente me sostenga.
> Así enseñaré a los transgresores tus caminos,
> > y los pecadores se volverán a ti.

Durante una oración de arrepentimiento verdadera y de corazón, David pidió un "corazón limpio". Pon atención lo que desea le conceda su Padre: pureza, firmeza, presencia, alegría, disposición a obedecerle, sostén y desinterés. ¡Increíble! Entonces, ¿por qué Dios *no* respondería a una oración como esta? A veces es fácil racionalizar las oraciones que aparentemente no son respondidas diciendo: "No debe ser su voluntad". Pero sabemos que Dios quiere que tengamos un corazón puro, firme, alegre, dispuesto, poderoso y desinteresado. Muchas veces pasamos todo nuestro tiempo de oración pidiéndole a Dios que cambie nuestras circunstancias externas, en lugar de cambiar nuestras actitudes internas. Así que hoy, ¿por qué no implorar a Dios que ponga en ti un nuevo corazón, y creer de verdad que él está ocupado moldeándolo y dándole forma; y que te dará cada cosa específica que necesites hoy para refinarlo, probarlo y fortalecerlo? Ahora bien, si hoy te encuentras con situaciones que te frustran, solo recuerda esta oración y confía en que Dios está haciendo exactamente lo que le pediste que hiciera. Ora ya, luego ve a buscar la respuesta de Dios. Y no te sorprendas si se presenta en una "envoltura" que no esperabas. A Dios le encanta responder a nuestras oraciones de la manera que menos imaginamos (pero debes estar atento para captarlo). ¡Humíllate y él te exaltará!

Milagros y perspectivas espirituales que he descubierto

_____
_____
_____
_____
_____
_____
_____
_____
_____
_____
_____
_____
_____
_____
_____
_____
_____
_____

Día once

Santiago 5:13-18

> ¿Está afligido alguno entre ustedes? Que ore. ¿Está alguno de buen ánimo? Que cante alabanzas. ¿Está enfermo alguno de ustedes? Haga llamar a los ancianos de la iglesia para que oren por él y lo unjan con aceite en el nombre del Señor. La oración de fe sanará al enfermo y el Señor lo levantará. Y, si ha pecado, su pecado se le perdonará. Por eso, confiésense unos a otros sus pecados, y oren unos por otros, para que sean sanados. La oración del justo es poderosa y eficaz.
>
> Elías era un hombre con debilidades como las nuestras. Con fervor oró que no lloviera, y no llovió sobre la tierra durante tres años y medio. Volvió a orar, y el cielo dio su lluvia y la tierra produjo sus frutos.

Imagina la vida de oración de un hombre tan poderoso que produjo una sequía de tres años y medio, ¡y luego volvió a pedir lloviera! Y aquí está la parte que nos genera convicción: era un ser humano como nosotros. Fue tentado, se enfermó, se asustó, tuvo momentos de debilidad y pecado, se desvió y fue igual que nosotros: no siempre se sintió como un héroe. Pero hay una pequeña diferencia: *la fe genuina*. ¿Sientes que tienes que ser perfecto para que tus oraciones sean respondidas? ¿Te sientes impotente si no has confesado todos tus pecados? ¿Te sientes débil y cohibido cuando estás en problemas, enfermo o herido? Elías puede identificarse contigo. Sin embargo, Dios respondió a su oración imposible y cambió sus circunstancias. Tal vez tengas algo en tu corazón que te roba la alegría: una conciencia culpable, una dolencia o lesión agobiante o una duda obstinada; entonces, por supuesto, toma el teléfono y acordar algo con tu compañero de oración. Busca tu fortaleza al ponerte de rodillas con un amigo de confianza: la idea es orar sobre tu problema. Es el momento de llamar a que llueva. Abre las compuertas de tu fe. Pídele a Dios algo que requiere ocurra un verdadero milagro. A él le encanta que le invoquemos en medio de la tormenta, en el fragor de una batalla furiosa o en medio de una "sequía" de fe. Él puede manejarlo. ¿Puedes reunir la fe hoy? Todo lo que necesitas es un grano de mostaza; solo pregúntale a Elías.

Milagros y perspectivas espirituales que he descubierto

_____
_____
_____
_____
_____
_____
_____
_____
_____
_____
_____
_____
_____
_____
_____

Día doce
1 Reyes 17:20-22

> Entonces clamó: "SEÑOR mi Dios, ¿también a esta viuda, que me ha dado alojamiento, la haces sufrir matándole a su hijo?" Luego se tendió tres veces sobre el muchacho y clamó: "¡SEÑOR mi Dios, devuélvele la vida a este muchacho!"
>
> El SEÑOR oyó el clamor de Elías, y el muchacho volvió a la vida.

Una vez más encontramos a un guerrero de la oración que tenía tanta confianza en su relación con Dios que no temía cuestionar respetuosamente la aparente voluntad de Dios. Cuestionó con audacia a Dios y le suplicó que cambiara de opinión. No tenemos ni idea de si esta había sido la voluntad de Dios todo el tiempo y si había planeado resucitar al niño desde un inicio; pero vemos el corazón de Elías y su amor por el hijo de la viuda. Su primer instinto fue creer que Dios podía hacer cualquier cosa, y no tuvo miedo de pedirlo. Creía en su omnipotente, omnisciente, omnipresente y amoroso Creador y Sustentador de la vida. ¿Hay algo demasiado difícil para Dios? ¿Hay algún área de tu vida o una decisión que crees que Dios ha tomado y que necesitas comprometerte para que sea anulada? Definitivamente hay cosas que Dios, en su infinita sabiduría, decide que nunca pueden ser cambiadas o enmendadas; pero este es un proyecto de cuarenta días de *milagros*, y apuesto a que hay un área o una preocupación en tu vida que puedes reavivar con fuego de fe. Encuentra tu pasión y comienza a tratarlo con tu Padre, respetuosamente, pero con fervor, una vez más. ¿Quién sabe qué es posible? Es hora de hacer un valiente esfuerzo. Elías devolvió el hijo a una mujer. Tal vez Dios te devuelva el coraje a tu corazón.

Milagros y perspectivas espirituales que he descubierto

Día trece

2 Reyes 6:17-18

> Entonces Eliseo oró: "SEÑOR, ábrele a Guiezi los ojos para que vea". El SEÑOR así lo hizo, y el criado vio que la colina estaba llena de caballos y de carros de fuego alrededor de Eliseo. Como ya los sirios se acercaban a él, Eliseo volvió a orar: "SEÑOR, castiga a esta gente con ceguera". Y él hizo lo que le pidió Eliseo.

Este es uno de mis episodios favoritos de la Biblia. Eliseo había aprendido de la poderosa vida de oración de su mentor Elías, y ahora se la transmitía a su siervo. Se encontraban en una situación aparentemente desesperada: él enemigo los había rodeado por completo y por todos lados, superándolos en fuerza y en número. ¿Alguna vez te has sentido así? ¿Cuál era el problema del siervo? Su falta de visión. No podía ver lo que Eliseo podía ver, porque no estaba mirando con ojos de fe. Cuando Dios abrió sus ojos, inmediatamente vio que la situación no era como parecía. La verdad era que ¡el ejército de Dios superaba ampliamente al enemigo con carros de fuego! Ni siquiera se le acercaba un poco en número. Hoy, quiero que tu mayor problema, tu mayor miedo y tu mejor excusa los mires con ojos de fe en lugar de miedo. Si no puedes lograr esto por ti mismo, imagina cómo un guerrero de oración audaz y de fe miraría tu situación, y luego; y entonces toma prestada algo de su fe de la misma manera que Guiezi tomó prestada la fe de Eliseo. Llama a tu compañero de oración y pregúntale cómo hoy van a elegir mirar la situación. Ora una petición audaz, luego abre los ojos y mira tus circunstancias desde una perspectiva diferente. Hay más de una manera de ver cada desafío. Y recuerda que Dios te tiene protegido con un anillo de fuego.

Milagros y perspectivas espirituales que he descubierto

Día catorce

Jueces 6:12-18

> Cuando el ángel del SEÑOR se le apareció a Gedeón, le dijo:
>
> —¡El SEÑOR está contigo, guerrero valiente!
>
> —Pero, señor —replicó Gedeón—, si el SEÑOR está con nosotros, ¿cómo es que nos sucede todo esto? ¿Dónde están todas las maravillas que nos contaban nuestros padres, cuando decían: "¡El SEÑOR nos sacó de Egipto!"? ¡La verdad es que el SEÑOR nos ha desamparado y nos ha entregado en manos de Madián!
>
> El SEÑOR lo encaró y le dijo:
>
> —Ve con la fuerza que tienes, y salvarás a Israel del poder de Madián. Yo soy quien te envía.
>
> —Pero, señor —objetó Gedeón—, ¿cómo voy a salvar a Israel? Mi clan es el más débil de la tribu de Manasés, y yo soy el más insignificante de mi familia.
>
> El SEÑOR respondió:
>
> —Tú derrotarás a los madianitas como si fueran un solo hombre, porque yo estaré contigo.
>
> —Si me he ganado tu favor, dame una señal de que en realidad eres tú quien habla conmigo —respondió Gedeón—. Te ruego que no te vayas hasta que yo vuelva y traiga mi ofrenda y la ponga ante ti.
>
> —Esperaré hasta que vuelvas —le dijo el SEÑOR.

Gedeón, el "guerrero valiente" escondido en un lagar. El más pequeño, el más insignificante, el más débil de su clan, al menos a sus propios ojos. ¿Alguna vez te has sentido así? ¿Dónde está todo ese poder, esa fuerza y las poderosas maravillas que Dios prometió y que todos los demás parecen experimentar? ¿Dónde está *tu* bendición? Todos podemos identificarnos con Gedeón en algún momento: escondiéndonos, quejándonos, excusándonos y culpando, a pesar de tener todo el poder de Dios a nuestra disposición. Sin embargo, Gedeón quería alguna prueba de Dios de que realmente estaba con él, y a Dios no le importó que se la pidiera. Me encanta eso de mi Dios. No se avergüenza de nuestra debilidad, de nuestras luchas, de nuestros fracasos o de nuestras dudas, pero sí tiene la expectativa de que las enfrentemos. Hoy, tal vez necesites pedirle una "señal" a Dios. No tengas miedo: pídele que él se muestre a ti. Pero ahora debes ir a buscar la señal. Ahí es donde mucha gente falla. Oran y luego se olvidan de observar. Busca las señales en las personas que conozcas hoy, en las cosas que notes en el camino, y en las coincidencias que se entretejen en tu caminar diario. Ve con la fuerza que tienes hoy, guerrero valiente.

Milagros y perspectivas espirituales que he descubierto

_____
_____
_____
_____
_____
_____
_____
_____
_____
_____

Discusión de la segunda semana
Mateo 20:29-34

Una gran multitud seguía a Jesús cuando él salía de Jericó con sus discípulos. Dos ciegos que estaban sentados junto al camino, al oír que pasaba Jesús, gritaron:

—¡Señor, Hijo de David, ten compasión de nosotros!

La multitud los reprendía para que se callaran, pero ellos gritaban con más fuerza:

—¡Señor, Hijo de David, ten compasión de nosotros!

Jesús se detuvo y los llamó.

—¿Qué quieren que haga por ustedes?

—Señor, queremos recibir la vista.

Jesús se compadeció de ellos y les tocó los ojos. Al instante recobraron la vista y lo siguieron.

Temas y preguntas de la segunda semana

- ¿Qué quieres exactamente que Jesús haga por ti?
- Discute por qué los planes suelen tener éxito cuando son específicos, pero tienden a fracasar cuando son generales y vagos.
- Discute por qué podría ser que tengamos miedo de ser específicos en las cosas que queremos cambiar en nuestra vida, y por qué a menudo no estamos dispuestos a colocarlas por escrito.
- Discute por qué nos cuesta compartir nuestros sueños y objetivos públicamente delante de nuestra familia, amigos y compañeros de la iglesia.

Día quince
1 Samuel 1:10-16

> Ana [...] con gran angustia comenzó a orar al SEÑOR y a llorar desconsoladamente. Entonces hizo este voto: "SEÑOR Todopoderoso, si te dignas mirar la desdicha de esta sierva tuya, y si en vez de olvidarme te acuerdas de mí y me concedes un hijo varón, yo te lo entregaré para toda su vida, y nunca se le cortará el cabello".
>
> Como Ana estuvo orando largo rato ante el SEÑOR, Elí se fijó en su boca. Sus labios se movían, pero, debido a que Ana oraba en voz baja, no se podía oír su voz. Elí pensó que estaba borracha, así que le dijo:
>
> —¿Hasta cuándo te va a durar la borrachera? ¡Deja ya el vino!
>
> —No, mi señor; no he bebido ni vino ni cerveza. Soy solo una mujer angustiada que ha venido a desahogarse delante del SEÑOR. No me tome usted por una mala mujer. He pasado este tiempo orando debido a mi angustia y aflicción.

A veces, nuestra vida de oración es oscura y triste, e incluso a veces se siente solitaria. A veces sentimos que nadie puede entender nuestra pena o dolor. Tal vez sea algo que ha sucedido; tal vez sea alguien que hemos perdido, o tal vez sea algo que realmente queremos o necesitamos. Y a veces solo necesitamos llorar. A Dios le conmueven las lágrimas y la tristeza profunda que hay en el corazón. Él escucha tus oraciones, incluso si no puedes hacerlas salir de tu boca, como Ana: su boca se movía, pero no salía nada. Está bien; solo ora como sea que necesites orar. Él sabe lo que necesitas e incluso lo que deseas antes de que se lo pidas. Déjalo salir, como sea que lo necesites. Algunos de los momentos más importantes de mi vida espiritual fueron momentos de oraciones feas, enojadas y hasta amargas que tuve que sacar. Y Dios aun así me respondió. Ana hizo un voto, lo cual a veces puede ser algo muy poderoso y radical. Sé muy cuidadoso y consciente cuando hagas los votos, te animo a que busques un consejo sabio. Sin embargo, sácalo a la luz y empieza a luchar en oración con tu Dios. No tengas miedo de entrar en ese lugar oscuro. Lleva a un amigo de confianza si es necesario. Ana recibió a un bebé y cumplió su voto, y Dios responderá a tu oración imposible hoy también.

Milagros y perspectivas espirituales que he descubierto

_____
_____
_____
_____
_____
_____
_____
_____
_____
_____
_____
_____
_____
_____
_____
_____

Día dieciséis
2 Reyes 20:1-6

> Por aquellos días Ezequías se enfermó gravemente y estuvo a punto de morir. El profeta Isaías hijo de Amoz fue a verlo y le dijo: "Así dice el SEÑOR: 'Pon tu casa en orden, porque vas a morir; no te recuperarás'".
>
> Ezequías volvió el rostro hacia la pared y le rogó al SEÑOR: "Recuerda, SEÑOR, que yo me he conducido delante de ti con lealtad y con un corazón íntegro, y que he hecho lo que te agrada". Y Ezequías lloró amargamente.
>
> No había salido Isaías del patio central, cuando le llegó la palabra del SEÑOR: "Regresa y dile a Ezequías, gobernante de mi pueblo, que así dice el SEÑOR, Dios de su antepasado David: 'He escuchado tu oración y he visto tus lágrimas. Voy a sanarte, y en tres días podrás subir al templo del SEÑOR. Voy a darte quince años más de vida. Y a ti y a esta ciudad los libraré de caer en manos del rey de Asiria. Yo defenderé esta ciudad por mi causa y por consideración a David mi siervo'".

Parecía que Dios había tomado la decisión: ya era el momento de llamar a Ezequías a casa. Todos tenemos nuestro "tiempo" para irnos y Dios es el que decide. Pero Ezequías no estaba listo para irse todavía. Le quedaba trabajo por hacer. Una vez más, vemos a alguien con una fe audaz e imposible que se siente confiado para razonar con Dios sobre su voluntad divina. Muy pocos habrían tenido siquiera la idea, y mucho menos las agallas para intentarlo. La mayoría de nosotros nos habríamos disuadido de hacerlo, incluso si hubiéramos tenido una idea tan loca como esa. ¿Intentar cambiar la opinión de Dios sobre el momento de tu propia muerte? Creo que eso le gustó a Dios y le dio quince años más. Ahora bien, todos sabemos que Dios determina los tiempos y los lugares, y muchas veces incluso las circunstancias de nuestras vidas, pero ¿no admiras a estos hombres y mujeres que tuvieron el valor de salirse de la norma y clamar a Dios para que hiciera algo muy inusual? ¿Qué necesitas pedirle a Dios que haga por ti? ¿Cuál sería tu oración imposible? Tal vez necesites volver a revisar tu lista de oraciones imposibles, pero esta vez mírala como lo haría Ezequías. Apuesto a que atesoró esos quince años. Apuesto a que nos diría que estaba muy contento de haber tenido el valor de pedirlo. Apuesto a que te está animando a que sigas su ejemplo (aunque él no era perfecto ... o sobre todo porque no lo era).

Milagros y perspectivas espirituales que he descubierto

_____
_____
_____
_____
_____
_____
_____
_____
_____
_____
_____
_____
_____
_____

Día diecisiete

Romanos 8:26-27

> Así mismo, en nuestra debilidad el Espíritu acude a ayudarnos. No sabemos qué pedir, pero el Espíritu mismo intercede por nosotros con gemidos que no pueden expresarse con palabras. Y Dios, que examina los corazones, sabe cuál es la intención del Espíritu, porque el Espíritu intercede por los creyentes conforme a la voluntad de Dios.

Para mí, esta es una de las escrituras más alentadoras de toda la Biblia. Incluso cuando no sé por qué orar y especialmente en ese momento, el Espíritu está orando sincera y específicamente en mi nombre. Él sabe exactamente lo que necesito, cuando lo necesito, y cómo conseguirlo. Y punto. Siempre. En todo momento. Así que hoy, si no estás seguro de por qué deberías orar, siéntate en silencio y mira fijamente tu lista de oraciones imposibles y escucha la voz del Espíritu. Quédate muy quieto y medita; solo escucha. Él orará por ti; todo lo que tienes que hacer es estar presente y escuchar su voz tranquila y silenciosa. Pero también debes saber que a veces está gritando con palabras y gemidos que ni siquiera puedes comprender. A veces le pide a Dios que haga cosas específicas y disponga ciertas circunstancias de una manera tal que no tiene ningún sentido para nosotros; y él sabe exactamente lo que está haciendo, especialmente cuando nosotros no lo sabemos. Dios entiende su propia voz y ya está en camino. Créelo el día de hoy.

Milagros y perspectivas espirituales que he descubierto

Día dieciocho
1 Crónicas 4:9-10

> Jabés fue más importante que sus hermanos. Cuando su madre le puso ese nombre, dijo: "Con aflicción lo he dado a luz". Jabés le rogó al Dios de Israel: "Bendíceme y ensancha mi territorio; ayúdame y líbrame del mal, para que no padezca aflicción". Y Dios le concedió su petición.

Este es un pequeño pasaje fascinante y oscuro que se hizo famoso en un pequeño libro que se publicó hace años. Jabés, de quien sabemos bastante poco, iba a dejar un "legado de dolor". ¡Incluso su nombre significaba dolor! Sin embargo, Dios lo consideraba más importante que a sus hermanos. Había algo en su vida, en su corazón, en su manera de caminar que lo hacía destacar. E invocó al Señor. Oró de una manera respecto de la que muchos opinarían sobre sí mismos: "Orar así es egoísta. Toda gira en torno a mí. Probablemente no sea su voluntad. Eso no es humilde". ¿Alguna vez te has sentido así? ¿Has creído que no se te permite orar pidiendo consuelo, no ser dañado, sufrir menos dolor, tener prosperidad, abundancia y un territorio más grande? ¿Menos dolor? Bueno, Jabés lo hizo. Y Dios le respondió y le dio menos dolor, recibió menos daño, más consuelo y una herencia más grande: la mano de su Padre estaba sobre él y cambió su legado para siempre. La clave obvia es vivir honorablemente hoy, pero también pedir el deseo de tu corazón y que se haga la voluntad de Dios en tu vida. Pide con valentía, pide con frecuencia, pide otra vez, y camina como si tus límites se hubieran ampliado y expandido hoy. Pretender ser alguien humilde no te hace humilde. Solo actúa honradamente y deja que Dios se preocupe por los límites de la propiedad.

Milagros y perspectivas espirituales que he descubierto

Día diecinueve

Génesis 32:24-28

> Entonces un hombre luchó con él hasta el amanecer. Cuando ese hombre se dio cuenta de que no podía vencer a Jacob, lo tocó en la coyuntura de la cadera, y esta se le dislocó mientras luchaban. Entonces el hombre le dijo:
>
> —¡Suéltame, que ya está por amanecer!
>
> —¡No te soltaré hasta que me bendigas! —respondió Jacob.
>
> —¿Cómo te llamas? —le preguntó el hombre.
>
> —Me llamo Jacob —respondió.
>
> Entonces el hombre le dijo:
>
> —Ya no te llamarás Jacob, sino Israel, porque has luchado con Dios y con los hombres, y has vencido.

Hablando de un tiempo de oración que cambia la vida: Jacob no solo obtuvo un nuevo nombre, sino que cambió el curso de una nación. No tenemos ni idea de cuántas vidas cambian por una sola oración contestada. Pero primero debemos pedir. A veces hay que insistir. Y de vez en cuando debemos luchar con Dios. Creo que, como cualquier buen padre, nuestro Padre perfecto a veces quiere ver cuánto deseamos algo. Necesitamos luchar para formar nuestro carácter. Necesitamos luchar para refinar nuestro interior. Necesitamos los tiempos de prueba para descubrir quiénes somos y de qué estamos hechos. Si exprimes un limón, obtienes jugo de limón. Si exprimes a una persona, descubres lo que hay en su interior. Jacob aprendió mucho sobre sí mismo esa noche: era mucho más duro de lo que creía. ¿Estás dispuesto a remangarte y ensuciarte, incluso a ensangrentarte un poco, para conseguir lo que realmente quieres? Algunos no están dispuestos a pagar el precio; yo creo que tú sí. Lucha hoy por tu lista de oraciones imposibles con una fuerza renovada, con determinación y con una determinación de hierro. Muéstrale a Dios de qué estás hecho. Y tal vez también aprendas algo sobre ti mismo; tal vez incluso obtengas un nuevo nombre.

Milagros y perspectivas espirituales que he descubierto

___
___
___
___
___
___
___
___
___
___
___
___
___
___
___
___
___

Día veinte
Jeremías 1:4-10

La palabra del SEÑOR vino a mí:

"Antes de formarte en el vientre,

ya te había elegido;

antes de que nacieras,

ya te había apartado;

te había nombrado profeta para las naciones".

Yo le respondí:

"¡Ah, SEÑOR mi Dios! ¡Soy muy joven, y no sé hablar!"

Pero el SEÑOR me dijo:

"No digas: 'Soy muy joven', porque vas a ir adondequiera que yo te envíe, y vas a decir todo lo que yo te ordene. No le temas a nadie, que yo estoy contigo para librarte". Lo afirma el SEÑOR.

Luego extendió el SEÑOR la mano y, tocándome la boca, me dijo:

"He puesto en tu boca mis palabras. Mira, hoy te doy autoridad sobre naciones y reinos,

"para arrancar y derribar,

para destruir y demoler,

para construir y plantar".

Jeremías tuvo un impacto tremendo en este mundo, pero le tocó un ministerio muy desafiante. Dios lo llamó cuando era joven, lo designó, lo equipó y luego lo envió. Jeremías soportaría mucho sufrimiento y un dolor increíble debido a su amor por su pueblo, su fe en Dios y el llamado que su Padre había dispuesto en su vida (sería conocido para siempre como el profeta llorón). ¿Has sentido alguna vez una carga gloriosa que crees que Dios ha puesto en tu vida? ¿Te sientes llamado a hacer algo grande pero también te sientes totalmente inadecuado? Jeremías puede identificarse contigo. Me pregunto si alguna vez se arrepintió de haber respondido al llamado de Dios desde el lugar en el que se encuentra hoy. ¡Lo dudo mucho! Encontró su lugar, tuvo su impacto y dejó un poderoso legado. Tuvo una sola vida, y la utilizó toda, viviendo la vida al máximo, incluso con dolor. Tú puedes hacer eso. Pero primero debes ser honesto con Dios sobre cómo te sientes. Orando todos los días las mismas oraciones débiles y ensayadas no ha servido. Es hora de ser honesto con Dios y hacerle saber tus preocupaciones, tus miedos, tus dudas y tu debilidad e insuficiencia. Dile la verdad, pero luego prepárate para responder a su llamada de todos modos: a Dios le encanta trabajar "a pesar de". No mañana, sino hoy. Hoy es el día para responder a su llamada. Haz hoy algo que nunca hayas hecho antes. Haz una oración audaz para pedirle fuerza, y luego ve y encuentra tu respuesta de Dios hoy. (¿Ves un patrón aquí?).

Milagros y perspectivas espirituales que he descubierto

_____
_____
_____
_____
_____
_____
_____
_____
_____
_____
_____
_____
_____

Discurso en el vestuario durante el medio tiempo
1 Reyes 19:1-13

Acab le contó a Jezabel todo lo que Elías había hecho, y cómo había matado a todos los profetas a filo de espada. Entonces Jezabel envió un mensajero a Elías para decirle: "¡Que los dioses me castiguen sin piedad si mañana a esta hora no te he quitado la vida como tú se la quitaste a ellos!"

Elías se asustó y huyó para ponerse a salvo. Cuando llegó a Berseba de Judá, dejó allí a su criado y caminó todo un día por el desierto. Llegó adonde había un arbusto, y se sentó a su sombra con ganas de morirse. "¡Estoy harto, SEÑOR! —protestó—. Quítame la vida, pues no soy mejor que mis antepasados". Luego se acostó debajo del arbusto y se quedó dormido.

De repente, un ángel lo tocó y le dijo: "Levántate y come". Elías miró a su alrededor y vio a su cabecera un panecillo cocido sobre carbones calientes y un jarro de agua. Comió y bebió, y volvió a acostarse.

El ángel del SEÑOR regresó y, tocándolo, le dijo: "Levántate y come, porque te espera un largo viaje". Elías se levantó, y comió y bebió. Una vez fortalecido por aquella comida, viajó cuarenta días y cuarenta noches hasta que llegó a Horeb, el monte de Dios. Allí pasó la noche en una cueva.

Más tarde, la palabra del SEÑOR vino a él.

—¿Qué haces aquí, Elías? —le preguntó.

—Me consume mi amor por ti, SEÑOR Dios Todopoderoso —respondió él—. Los israelitas han rechazado tu pacto, han derribado tus altares, y a tus profetas los han matado a filo de espada. Yo soy el único que ha quedado con vida, ¡y ahora quieren matarme a mí también!

El SEÑOR le ordenó:

—Sal y preséntate ante mí en la montaña, porque estoy a punto de pasar por allí.

Como heraldo del SEÑOR vino un viento recio, tan violento que partió las montañas e hizo añicos las rocas; pero el SEÑOR no estaba en el viento. Después del viento hubo un terremoto, pero el SEÑOR tampoco estaba en el terremoto. Tras el terremoto vino un fuego, pero el SEÑOR tampoco estaba en el fuego. Y después del fuego vino un suave murmullo. Cuando Elías lo oyó, se cubrió el rostro con el manto y, saliendo, se puso a la entrada de la cueva.

Entonces oyó una voz que le dijo:

—¿Qué haces aquí, Elías?

Estamos en el punto medio, y solo quería animarte. Aquí encontramos a Elías, el gran profeta, escondiéndose, quejándose, poniendo excusas y sintiéndose bastante víctima. Y luego tuvo una pequeña charla con Dios. La respuesta de Dios no estaba en el terremoto, el fuego o el viento poderoso, sino en un suave murmullo. Dios trabaja de forma misteriosa, y puede que no encuentres su respuesta a primera vista. Tienes que resistir hasta terminar la segunda parte para lograr tu "cambio de marcador de último momento". No te permitas desanimarte ni rendirte. La gloria está en el hecho de levantarse, de resucitar y de lograr cambiar el marcador en el segundo tiempo. Dios te está preguntando suavemente: "¿Por qué estás aquí?". Estamos aquí para encontrar nuestro milagro.

Ahora vamos a profundizar de nuevo…

Día veintiuno
Mateo 11:25-26, 28-30

> En aquel tiempo Jesús dijo: "Te alabo, Padre, Señor del cielo y de la tierra, porque habiendo escondido estas cosas de los sabios e instruidos, se las has revelado a los que son como niños. Sí, Padre, porque esa fue tu buena voluntad. [...]
>
> "Vengan a mí todos ustedes que están cansados y agobiados, y yo les daré descanso. Carguen con mi yugo y aprendan de mí, pues yo soy apacible y humilde de corazón, y encontrarán descanso para su alma. Porque mi yugo es suave y mi carga es liviana".

¡Felicitaciones! Llevas tres semanas en tu milagroso viaje de fe. A estas alturas, si has estado luchando cada día en esta buena batalla, puede que te sientas un poco cansado y agobiado y que necesites un poco de descanso. Perfecto. Así es como debió sentirse Jesús cada día, pero siguió sacando fuerzas de su Padre mientras seguía derramando su ser a los demás. Por eso se retiraba y oraba tan a menudo y con tanto fervor y constancia: sabía que lo necesitaba para recargarse y renovarse. También creo que la razón por la que Jesús amaba tanto a los niños, y la razón por la que se sentían tan atraídos por él, era porque era como un niño. Tenía la fe de un niño, la pureza de un niño y la imaginación de un niño, con la mente y el corazón de Dios. Los niños parecen tener una energía ilimitada, como si estuvieran conectados directamente con la Fuente. Es de esperar que en las últimas semanas hayas empezado a ver actuar a Dios en formas que nunca le habías visto o que no le habías visto hacer en mucho tiempo. Ahora es el momento de profundizar, acudir a él y encontrar la fuerza para seguir adelante. Si haces cualquier cosa durante cuarenta días, se forman nuevos patrones, caminos y hábitos. Imagina en qué te convertirás si sigues orando con valentía y buscando tus respuestas cada día, pero a través de los ojos de un niño: con energía pura y entusiasmo. Se convertirá en una forma de vida, lo prometo. No te rindas cinco minutos antes de ver a Dios moverse en tu vida.

Milagros y perspectivas espirituales que he descubierto

Discusión de la tercera semana

Mateo 9:27-311

Al irse Jesús de allí, dos ciegos lo siguieron, gritándole:

—¡Ten compasión de nosotros, Hijo de David!

Cuando entró en la casa, se le acercaron los ciegos, y él les preguntó:

—¿Creen que puedo sanarlos?

—Sí, Señor —le respondieron.

Entonces les tocó los ojos y les dijo:

—Que se haga con ustedes conforme a su fe.

Y recobraron la vista. Jesús les advirtió con firmeza:

—Asegúrense de que nadie se entere de esto.

Pero ellos salieron para divulgar por toda aquella región la noticia acerca de Jesús.

Temas y preguntas de la tercera semana

- ¿Crees realmente que Jesús es capaz de realizar los milagros que buscas?

- Discute cómo nuestros fracasos pasados juegan un papel en nuestra disposición a creer que Dios puede trabajar hoy en nuestras vidas.

- Comparte sobre un momento de tu vida en el que deseabas tanto algo que estabas dispuesto a hacer hasta lo imposible por conseguirlo.

- Discute un milagro de tu pasado que te haya demostrado que Dios estaba interviniendo en tu favor.

Día veintidós

Juan 11:38-44

> Conmovido una vez más, Jesús se acercó al sepulcro. Era una cueva cuya entrada estaba tapada con una piedra.
>
> —Quiten la piedra —ordenó Jesús.
>
> Marta, la hermana del difunto, objetó:
>
> —Señor, ya debe oler mal, pues lleva cuatro días allí.
>
> —¿No te dije que si crees verás la gloria de Dios? —le contestó Jesús.
>
> Entonces quitaron la piedra. Jesús, alzando la vista, dijo:
>
> —Padre, te doy gracias porque me has escuchado. Ya sabía yo que siempre me escuchas, pero lo dije por la gente que está aquí presente, para que crean que tú me enviaste.
>
> Dicho esto, gritó con todas sus fuerzas:
>
> —¡Lázaro, sal fuera!
>
> El muerto salió, con vendas en las manos y en los pies, y el rostro cubierto con un sudario.
>
> —Quítenle las vendas y dejen que se vaya —les dijo Jesús.

Esta tiene que ser una de las remontadas más sorprendentes de todos los tiempos. ¿Necesitas un cambio de marcador de último momento en tu vida? Lázaro estuvo muerto durante cuatro días. Había un olor. Había seres queridos que lloraban su partida. Incluso ya había ocurrido su funeral. Todo había terminado. Entonces apareció Jesús. Oró en voz alta para que escucharan sus oyentes, pues no era necesario. Sabía que su Padre siempre escuchaba y respondía a sus oraciones. Siempre. Entonces, ¿por qué esta vez iba a ser diferente? ¿Porque lo que estaba en juego era mayor, todo estaba en contra, o las posibilidades de victoria eran aparentemente menores? Nada de eso le importaba a Jesús. Lo único que le importaba era la voluntad de Dios. Así que Jesús pidió, o más específicamente, declaró lo que debía ser. ¿Cuál es el área de tu vida que ha terminado? Ya sea tu matrimonio, tus hijos, tu carrera o la falta de ella, tu justicia personal, tu salud, una herida o cualquier otra "montaña" que se interponga en tu camino; lo que necesitas es que llegue Jesús. Como dijo Marta: "Señor, si hubieras estado aquí, mi hermano no habría muerto". Al menos ella sabía que la presencia de Jesús marcaba la diferencia. Pide a Jesús que "aparezca" en el área más desesperada de tu vida; hazlo hoy (y no trates de convencerte de lo contrario usando excusas o pruebas del pasado). Pero después de orar, también debes hacer algo: debes quitarte la ropa de la tumba. No puedes orar tu oración imposible esta mañana y luego salir por la puerta y vivir como si estuvieras de luto porque no crees que Dios está contigo. Si crees, verás la gloria de Dios.

Milagros y perspectivas espirituales que he descubierto

_____
_____
_____
_____
_____
_____
_____
_____
_____

Día veintitrés

Mateo 26:36-39

> Luego fue Jesús con sus discípulos a un lugar llamado Getsemaní, y les dijo: "Siéntense aquí mientras voy más allá a orar". Se llevó a Pedro y a los dos hijos de Zebedeo, y comenzó a sentirse triste y angustiado. "Es tal la angustia que me invade, que me siento morir —les dijo—. Quédense aquí y manténganse despiertos conmigo".
>
> Yendo un poco más allá, se postró sobre su rostro y oró: "Padre mío, si es posible, no me hagas beber este trago amargo. Pero no sea lo que yo quiero, sino lo que quieres tú".

Aquí vemos a Jesús en su momento más débil. Necesitaba a su Padre, pero también a sus hermanos. Estaba a punto de enfrentarse a algo que nunca había afrontado. La angustia emocional, mental, física y espiritual era casi demasiado para soportar. Lo superó junto a su Padre, pero también pidió ayuda a sus amigos sin avergonzarse de mostrar debilidad. Deberíamos pedir ayuda a nuestros amigos más a menudo. Muchos están pasando por su momento más difícil o su hora más oscura, ahora mismo, ya sea emocional, física, mental, financiera o espiritualmente. Sin embargo, has llegado hasta aquí. Quizás, has superado valientemente todo, tú solo junto a tu Padre. Sin embargo, te vendría bien un amigo que te ayude a llevar la carga. Llama hoy a tu compañero de oración o a un amigo de confianza y comparte con él tu lista de oraciones imposibles. Fijen un momento para clamar a Dios juntos, y pónganse de acuerdo en lo que le están pidiendo. Dos son mejor que uno, y *cualquier cosa* que pidamos en su nombre, creyendo, se hará por nosotros (Mateo 16:19-20). Cuando dos o más se reúnen en su nombre y piden con fe, los milagros ocurren. Pide lo que necesites y ora también para que se haga su voluntad. Jesús encontró la fuerza para hacer la voluntad de su Padre, especialmente cuando era contraria a sus sentimientos. Y no olvides que tú también puedes ayudar a otro a llevar su carga. Te sorprenderá el poder que fluirá en tu vida cuando lleven juntos una carga pesada.

Milagros y perspectivas espirituales que he descubierto

Día veinticuatro

Lucas 23:33-34

> Cuando llegaron al lugar llamado la Calavera, lo crucificaron allí, junto con los criminales, uno a su derecha y otro a su izquierda.
>
> —Padre —dijo Jesús—, perdónalos, porque no saben lo que hacen.
>
> Mientras tanto, echaban suertes para repartirse entre sí la ropa de Jesús.

Esta es quizás la oración más sorprendente y poderosa de la Biblia: Jesús orando por sus asesinos *mientras lo mataban*. ¡Increíble! La falta de perdón es una fuerza muy destructiva. Lleva al resentimiento, a la amargura y finalmente a la desilusión. Cuando oramos fervientemente por las cosas que necesitamos, pero albergamos resentimiento, celos y envidia amarga en nuestros corazones, no debemos sorprendernos cuando carecemos de poder espiritual y no llegamos a encontrar lo que buscamos. Hoy, si realmente quieres encontrar respuestas de Dios, empieza por limpiar tu lado de la calle. Asegúrate de que no haya resentimiento o rencor en tu corazón que se interponga en tu vida de oraciones imposibles. Jesús nos recordó que debemos dejar nuestra ofrenda allí delante del altar, ir primero a reconciliarnos con nuestro hermano, y luego regresar para presentar nuestra ofrenda (Mateo 5:24). Ve y toma el teléfono. Llama a ese hermano, hermana, amigo o familiar. Di que lo sientes o di: "Te perdono". No esperes a que los sentimientos lleguen, porque puede que no lo hagan. Simplemente levanta el teléfono y abre el canal de comunicación. Entonces observa lo que ocurre en tu vida de oración. Experimentarás que habrá un nuevo poder y enfoque descubrirás. Empezarás a ver cosas que te has estado perdiendo.

Encontrarás tu milagro. No lo dejes para otro día; quizá esa persona lo necesite incluso más que tú.

Milagros y perspectivas espirituales que he descubierto

Día veinticinco

Lucas 23:44-46

> Desde el mediodía y hasta la media tarde toda la tierra quedó sumida en la oscuridad, pues el sol se ocultó. Y la cortina del santuario del templo se rasgó en dos. Entonces Jesús exclamó con fuerza:
>
> —¡Padre, en tus manos encomiendo mi espíritu!
>
> Y al decir esto, expiró.

En pleno día, la oscuridad completa consumió la tierra. La cortina del templo se partió en dos de arriba abajo. Un poderoso terremoto rompió las rocas y las tumbas se abrieron de par en par. El evento más poderoso en toda la historia de la humanidad y que cambió el mundo estaba ocurriendo, mientras la humanidad mataba a quien era la "luz del mundo". Y Jesús oró una sencilla oración: "En tus manos encomiendo mi espíritu". ¿Qué pasaría si hoy tuvieras esa sencilla actitud? "Confío en ti; sé que me tienes; todo lo que tengo eres tú; por favor, no me olvides; te necesito; nada más importa ahora; lo apuesto todo a ti; atrápame mientras caigo ..." ¿Y si fueras capaz de permanecer en el momento presente, sin obsesionarte por el ayer o el mañana, y tan solo confías completamente en él? ¿Crees que Dios es digno de confianza? ¿Puedes realmente depositar *todas* tus preocupaciones en él (1 Pedro 5:7)? Eso es lo que intentamos hacer juntos en este proyecto de cuarenta días de oración. Toma tus situaciones imposibles y entrégalas por completo a él. Deja a un lado lo que haya o no haya sucedido en el pasado, olvida por un momento lo que pueda pasar mañana, y confía en él hoy. Deja de culpar a los demás por tus problemas y pon toda tu atención en Dios y en lo que está haciendo ahora mismo en tu vida. ¿Puedes hacerlo? Inténtalo, y ahora revisa de nuevo esa lista de oraciones imposibles y date cuenta de que las nubes se están rompiendo y la Luz está en camino.

Milagros y perspectivas espirituales que he descubierto

_____
_____
_____
_____
_____
_____
_____
_____
_____
_____
_____
_____
_____
_____
_____
_____
_____
_____
_____
_____
_____
_____

Día veintiséis

Job 42:2-5

> "Yo sé bien que tú lo puedes todo,
> que no es posible frustrar ninguno de tus planes.
> '¿Quién es este —has preguntado—,
> que sin conocimiento oscurece mi consejo?'
> Reconozco que he hablado de cosas
> que no alcanzo a comprender,
> de cosas demasiado maravillosas
> que me son desconocidas.
> "Dijiste: 'Ahora escúchame, yo voy a hablar;
> yo te cuestionaré, y tú me responderás'.
> De oídas había oído hablar de ti,
> pero ahora te veo con mis propios ojos".

Job llegó a entender y respetar a Dios de una manera totalmente nueva a través de las circunstancias de la vida, las interacciones con sus amigos y el diálogo abierto y honesto con su Padre. Eso es exactamente lo que intentamos hacer durante estos cuarenta días: llegar a comprender que Dios cumplirá sus propósitos, que nada es imposible para él, que él creó todas las cosas, y que puede hacer lo que sea, con quien sea, como sea y cuando sea. Y tenemos que lidiar con nuestros amigos y familiares comprendiendo la influencia que ejercemos unos sobre otros, tanto en lo bueno como en lo malo. Puede que tengas algunas personas en tu vida que te apoyan en todo. Pero también puedes tener algunas personas a tu alrededor, quienes no están precisamente entusiastas por el descubrimiento de los milagros en tu vida. Hoy quiero desafiarte a que veas a Dios en todo: en el amanecer; en la vida silvestre; en los ojos de tus hijos; en la tecnología que nos ha permitido crear y utilizar; en las risas que escuchas en la oficina; en aquellos que se oponen a ti; en el amor de tu cónyuge; en la puesta del sol; a través de lo que ves, de los sonidos, los olores, los sabores y los sentimientos de todo tu día; pero, por favor, asegúrate de verlo a él. Ahora recuerda que estás orando al mismo Dios que creó todo esto y que puede hacer con él lo que le plazca. Hay montañas de pruebas para que tú creas. Sigue el ejemplo de Job y arrepiéntete de tu incredulidad. Y si es necesario, cambia a las personas con son parte de tu entorno; pueden influir mucho en tu vida.

Milagros y perspectivas espirituales que he descubierto

___
___
___
___
___
___
___
___
___
___
___
___
___
___

Día veintisiete

Jonás 2:1-2, 7

> Entonces Jonás oró al SEÑOR su Dios desde el vientre del pez. Dijo:
>
> "En mi angustia clamé al SEÑOR,
>   y él me respondió.
> Desde las entrañas del sepulcro pedí auxilio,
>   y tú escuchaste mi clamor".

Echemos una nueva mirada a tu lista de oraciones imposibles. Veámosla desde un ángulo diferente, una perspectiva diferente, un punto de vista diferente. ¡Veámosla desde el interior del vientre de un enorme pez! Ha habido informes reales de pescadores en el mar en la era moderna que han sobrevivido después de ser tragados por peces gigantes (una historia incluso afirma que el ácido dentro del pez quemó el pelo del pescador y tomó el pigmento de su piel, lo que podría explicar que Jonás fuera una "señal" para la gente [Lucas 11:30]). Ahora, habiendo superado, con suerte, algunas de las dudas sobre si esto podía suceder realmente o no, imaginemos a Jonás gritando desde "dentro" de esta situación imposible. Toda esperanza se había perdido. No tenía otras opciones. Nadie podía acudir a su rescate y todos los demás recursos se habían agotado. ¿Te sientes identificado con él? ¿Cuándo fue la última vez que fuiste a un lugar donde realmente pudiste clamar a Dios? Me refiero a sacarlo *todo*, desahogarte con gritos, llantos, lágrimas si es necesario, y sin preocuparte por lo que piensen los demás. Tal vez necesites un lugar especial en medio de la nada, donde puedas ir cuando necesites tener uno de esos momentos especiales con tu Padre. Elige un lugar que sea significativo para ti y que simbolice el "territorio del milagro" cuando necesites desesperadamente ver un avance en tu situación. Ve a ese lugar y hazlo único y personal para tu vida de oración. Adelante, grita. Alza tu voz y hazte oír desde tu situación única. Dios no necesita que lo hagas, pero a veces nos ayuda a romper las paredes espirituales del vientre, el hueso y el cartílago de nuestras vidas. Y debes saber lo siguiente: Dios te escucha cuando tus gritos suben ante su trono en su santo templo. Escucha; puedes oír los ecos.

Milagros y perspectivas espirituales que he descubierto

_____
_____
_____
_____
_____
_____
_____
_____
_____
_____
_____
_____
_____

Día veintiocho
Josué 10:7-8, 12-13

> Josué salió de Guilgal con todo su ejército, acompañados de su comando especial. Y el SEÑOR le dijo a Josué: "No tiembles ante ellos, pues yo te los entrego; ninguno de ellos podrá resistirte". […]
>
> Ese día en que el SEÑOR entregó a los amorreos en manos de los israelitas, Josué le dijo al SEÑOR en presencia de todo el pueblo:
>
>> "Sol, detente en Gabaón,
>>> luna, párate sobre Ayalón".
>>
>> El sol se detuvo
>>> y la luna se paró,
>>
>> hasta que Israel
>>> se vengó de sus adversarios.
>
> Esto está escrito en el libro de Jaser. Y, en efecto, el sol se detuvo en el cenit y no se movió de allí por casi un día entero.

Me encanta el hecho de que Josué haya tenido la idea de orar esta oración audaz y descabellada. ¿Quién habría pensado en ello, y mucho menos lo habría intentado? Me imagino lo mucho que debe haberle impresionado a Dios cuando escuchó a Josué pedir que detuviera el sol para tener más tiempo para luchar por su pueblo. Apuesto a que Jesús se quedó asombrado; ¡puede que incluso se levantara de su trono! Ahora, ¿qué puedes hacer tú hoy para llamar su atención? Sabes que ya tienes toda su atención, pero ¿cómo puedes asombrarle hoy con una oración imposible? Imagínate a dónde lo llevó la fe de Josué ese día y cómo eso impactó su relación con Dios. Apuesto a que lo llevó a una estratósfera de fe como nunca había visto.

Cuando comencemos a caminar por la fe de nuevo, vamos a querer que el día dure más tiempo para poder seguir peleando la buena batalla, no como las muchedumbres que no pueden esperar a que el día termine. No busques disuadirte de ver tu milagro, tu curación, el rescate o auxilio a tu favor. Dios sí está escuchando, y está esperando escuchar lo que tienes que decir. Ora para tener más energía, más entusiasmo y más fuerza de corazón hoy mientras buscas la voluntad de Dios para tu vida. Deja de mirar el reloj esperando que tu día termine, y empieza a buscar que Dios te sorprenda; tal vez empieces a notar que tienes "tiempo extra".

Milagros y perspectivas espirituales que he descubierto

_____
_____
_____
_____
_____
_____
_____
_____
_____
_____
_____
_____
_____
_____
_____
_____

Discusión de la cuarta semana
Lucas 8:22-25

Un día subió Jesús con sus discípulos a una barca.

—Crucemos al otro lado del lago —les dijo.

Así que partieron, y mientras navegaban, él se durmió. Entonces se desató una tormenta sobre el lago, de modo que la barca comenzó a inundarse y corrían gran peligro.

Los discípulos fueron a despertarlo.

—¡Maestro, Maestro, nos vamos a ahogar! —gritaron.

Él se levantó y reprendió al viento y a las olas; la tormenta se apaciguó y todo quedó tranquilo.

—¿Dónde está la fe de ustedes? —les dijo a sus discípulos.

Con temor y asombro ellos se decían unos a otros: "¿Quién es este, que manda aun a los vientos y al agua, y le obedecen?".

Temas y preguntas de la cuarta semana

- ¿Dónde está tu fe hoy? Haz una evaluación honesta.

- Discute cómo es la verdadera fe y cómo sabes cuando está presente.

- Discute cómo las tormentas de la vida han revelado la calidad de tu fe.

- Discute las tormentas recientes en su vida que han dañado tu fe, y cómo puede verlas de manera diferente en el futuro.

40 días de oración

Día veintinueve

Mateo 8:1-3

> Cuando Jesús bajó de la montaña, lo siguieron grandes multitudes. Un hombre que tenía lepra se le acercó y se arrodilló delante de él.
>
> —Señor, si quieres, puedes limpiarme —le dijo.
>
> Jesús extendió la mano y tocó al hombre.
>
> —Sí quiero —le dijo—. ¡Queda limpio!
>
> Y al instante quedó sano de la lepra.

Sabemos por la historia y la cultura judía de este periodo que este hombre era un marginado, un exiliado, percibido como inferior y un desecho de la sociedad; sin embargo, sintió que Jesús podría no solo aceptarlo, sino posiblemente volverlo totalmente limpio. "Limpio" significaría que podría ser aceptado de nuevo en la sociedad. Significaría que tal vez podría recuperar a su familia. Significaría que podría ir donde quisiera, con quien fuera, en cualquier momento que deseara: verdadera libertad. ¿Te sientes identificado con él de alguna manera? ¿Alguna vez has sentido que te han abandonado, te han excluido o te han echado a un lado? O tal vez estés experimentando algunos de los primeros signos de la "lepra" espiritual. El primer síntoma de esta terrible enfermedad es no tener la capacidad de sentir, y una vez que ello ocurre, entonces el cuerpo comienza a descomponerse. Hay muchas personas que llevan el nombre de "cristiano" hoy en día, pero simplemente ya no sienten nada. El estudio, la oración y la asistencia a la iglesia no parecen servirles como lo hacían antes; la emoción ha desaparecido por completo. Necesitan una curación milagrosa.

La pregunta más importante que puedes hacer es: "Señor, ¿estás dispuesto a limpiarme?". Debes creer que Jesús no solo es capaz, sino que está dispuesto. Puedes volver a estar limpio. Imagina la libertad que te espera. Imagina cómo se sentía este antiguo leproso cuando corría, gritaba y saltaba por la ciudad compartiendo la buena noticia de lo que Jesús había hecho por él. Así podrías estar tú. Pero, primero, tienes que ir al Gran Médico y contarle lo que te duele. Ora para que sane tu corazón, y luego ve a vivir la vida hoy sabiendo que él *siempre* está dispuesto y que eres verdaderamente libre.

Milagros y perspectivas espirituales que he descubierto

Día treinta
Éxodo 8:8-10a

> Entonces el faraón mandó llamar a Moisés y a Aarón, y les dijo:
>
> —Ruéguenle al SEÑOR que aleje las ranas de mí y de mi pueblo, y yo dejaré ir al pueblo para que le ofrezca sacrificios.
>
> Moisés le respondió:
>
> —Dime cuándo quieres que ruegue al SEÑOR por ti, por tus funcionarios y por tu pueblo. Las ranas se quedarán solo en el Nilo, y tú y tus casas se librarán de ellas.
>
> —Mañana mismo —contestó el faraón.

Quiero que te imagines ranas por todas partes. Ranas en las calles, en los campos, en las casas, ¡incluso en tu cama! Esta plaga fue una de las más interesantes y probablemente una de las más repugnantes y frustrantes de las diez maldiciones que Dios puso sobre Egipto. Había literalmente ranas en todo, y luego Moisés le dio al faraón el poder de elegir. Él podía determinar cuándo las ranas dejarían de aparecer. Él podía decidir qué tan pronto las ranas tendrían que irse. Podía decidir cuándo podría dormir en una cama tamaño *king* libre de ranas. Decidió rápidamente. ¿Qué habrías elegido tú si pudieras elegir cuándo terminar con esa situación? Sorprendentemente, el faraón eligió mañana. *¿Mañana?* ¿Por qué iba a elegir mañana? Por qué no hoy; de hecho, por qué no ahora mismo, inmediatamente. No más ranas, ¡ahora! Sin embargo, la gente elige esperar todo el tiempo. El mañana parece mejor. Parece más cómodo y menos aterrador. Cualquier otro momento parece mejor para muchos que el aquí y ahora. El problema con esa estrategia es que todo lo que tienes es el ahora. El mañana nunca llega realmente. Tal vez el faraón se había acostumbrado a sus ranas. Tal vez tú te hayas acostumbrado a tus "ranas". Razonas en tu interior: "Puede que no sea bueno, pero al menos es cómodo". Ora para que Dios cambie tu situación *hoy*. Ve a buscar tu milagro *hoy*. Ve a buscar tu respuesta *hoy*. El mañana no llega y tus ranas permanecen. Él está listo ahora. ¿Lo estás tú? No hay un mañana.

Milagros y perspectivas espirituales que he descubierto

_____
_____
_____
_____
_____
_____
_____
_____
_____
_____
_____
_____
_____
_____
_____
_____

Día treinta y uno
1 Reyes 18:36-39

> A la hora del sacrificio vespertino, el profeta Elías dio un paso adelante y oró así: "SEÑOR, Dios de Abraham, de Isaac y de Israel, que todos sepan hoy que tú eres Dios en Israel, y que yo soy tu siervo y he hecho todo esto en obediencia a tu palabra. ¡Respóndeme, SEÑOR, respóndeme, para que esta gente reconozca que tú, SEÑOR, eres Dios, y que estás convirtiéndoles el corazón a ti!"
>
> En ese momento cayó el fuego del SEÑOR y quemó el holocausto, la leña, las piedras y el suelo, y hasta lamió el agua de la zanja. Cuando vieron esto, todos se postraron y exclamaron: "¡El SEÑOR es Dios! ¡El SEÑOR es Dios!"

A veces necesitamos que Dios actúe en nuestras vidas de manera pública para el beneficio de otros que están mirando. Dios siempre utiliza nuestras vidas para afectar a otras; solo es cuestión de que utilice un ejemplo bueno o malo. En este caso, la fe de Elías y su relación con Dios estaban en exhibición, y justo frente a sus enemigos. Nadie lo apoyaba. Nadie oraba por él. Nadie deseaba que tuviera éxito. Pero necesitaban ver su fe materializada y manifestada, aunque no se dieran cuenta de ello. Así que Dios se movió. Elías nunca hubiera recibido este milagro si no hubiera tenido la fe de clamar a su Padre frente a sus detractores. Muchas veces ofrecemos oraciones "seguras" que quedan solo entre nosotros y Dios, por si acaso no nos responde, o por si la respuesta es "no". Las oraciones seguras conducen a una vida que carece de poder. Cuando te expones y empiezas a proclamar lo que tu Dios va a hacer por ti, bueno, en ese momento estás en el territorio de los milagros. Cuando no te importa tanto cómo te veas en una situación, cómo te afectará, lo que otros piensan de ti, o tu valiosa imagen o reputación, entonces le entregas la situación a Dios y él se lleva toda la gloria. Cuando él se involucra y toma el control, entonces las cosas comienzan a suceder; las cosas comienzan a cambiar. Cuando los enemigos de Elías vieron este milagro (fuego del cielo), se postraron y exclamaron: "¡El Señor es Dios!". Su atención no estaba puesta en el increíble profeta, sino en su increíble Dios. Elías se retiró del camino, y tú también puedes hacerlo. ¿Tienes el valor de dar a conocer al mundo una de tus oraciones imposibles hoy? Compártela con alguien con quien normalmente no lo harías. Invoca a Dios para que aparezca, y luego retírate del camino.

Milagros y perspectivas espirituales que he descubierto

_____
_____
_____
_____
_____
_____
_____
_____
_____
_____
_____
_____

Día treinta y dos

Hechos 7:55-60

> Pero Esteban, lleno del Espíritu Santo, fijó la mirada en el cielo y vio la gloria de Dios, y a Jesús de pie a la derecha de Dios.
>
> —¡Veo el cielo abierto —exclamó—, y al Hijo del hombre de pie a la derecha de Dios!
>
> Entonces ellos, gritando a voz en cuello, se taparon los oídos y todos a una se abalanzaron sobre él, lo sacaron a empellones fuera de la ciudad y comenzaron a apedrearlo. Los acusadores le encargaron sus mantos a un joven llamado Saulo.
>
> Mientras lo apedreaban, Esteban oraba.
>
> —Señor Jesús —decía—, recibe mi espíritu.
>
> Luego cayó de rodillas y gritó:
>
> —¡Señor, no les tomes en cuenta este pecado!
>
> Cuando hubo dicho esto, murió.

Qué hombre increíble y con un legado increíble. Su forma de vivir como discípulo hizo parecerse tanto a Jesús que no solo vivió de forma muy parecida, sino que también murió de la misma manera: demostrando compasión y convicción por el bien de los demás. Esteban acababa de predicar uno de los sermones más poderosos que ha sido registrado en la historia. Estaba denunciando a los hipócritas religiosos y hablando en nombre de Dios cuando muy pocos estaban dispuestos a hacerlo. Decir la verdad lo había metido en un gran problema. Sin embargo, no se amargó, sino que oró por sus enemigos. A su vez, Dios le permitió dar un vistazo a su sala del trono. Los ojos de Esteban se abrieron y vio a Jesús de pie a la derecha de Dios, como si estuviera saludando a este gran hombre de fe mientras entregaba su vida por los demás. ¡Guau! Puede que te cueste identificarte con Esteban, pero apuesto a que puedes encontrar un área de tu vida en la que te puedes identificar con él. ¿Has adoptado una postura firme sobre algo y no ha resultado como se esperaba? ¿Has dicho la verdad y solo te has metido en más problemas? ¿Estás haciendo lo correcto y parece que ahora tienes más enemigos o las cosas han empeorado? Anímate; Jesús defiende a quienes toman posición firme de su lado en el fragor de la batalla. Hoy quiero que *busques* una oportunidad para tomar posición firme por alguien que no puede defenderse por sí mismo. Busca una razón para defender la verdad. Hoy, ora por tener gran valentía y luego sal y busca una oportunidad para servir. Ahora es el momento de tomar acción en esta búsqueda de cuarenta días. Toma una posición firme.

Milagros y perspectivas espirituales que he descubierto

_____
_____
_____
_____
_____
_____
_____
_____
_____
_____
_____
_____

Día treinta y tres

Nehemías 1:2-4

> Llegó Jananí, uno de mis hermanos, junto con algunos hombres de Judá. Entonces les pregunté por el resto de los judíos que se habían librado del destierro, y por Jerusalén.
>
> Ellos me respondieron: "Los que se libraron del destierro y se quedaron en la provincia están enfrentando una gran calamidad y humillación. La muralla de Jerusalén sigue derribada, con sus puertas consumidas por el fuego".
>
> Al escuchar esto, me senté a llorar; hice duelo por algunos días, ayuné y oré al Dios del cielo.

Nehemías fue un gran líder. Fue parte de una gran restauración y ayudó a cambiar la historia de Israel. Fue un visionario, un constructor y un unificador, pero lo que le permitió convertirse en un gran hombre fue su corazón por la gente. La condición en que estaba la gran ciudad de Dios y el sufrimiento del pueblo de Dios movieron a Nehemías a la acción. No se conformó con sentirse mal; no se limitó a quejarse del problema; no cayó en el chisme o la culpa; no dio excusas ni se limitó a quitar el problema de su mente y esperar a que otro se ocupara de él. Tomó medidas y ayunó para cambiar. ¿Cuándo fue la última vez que ayunaste y oraste para que una situación "imposible" cambiara? No había forma de que este problema se arreglara por sí solo. Alguien iba a tener que dar un paso adelante y guiar el camino. Tal vez hay una situación en tu vida en la que estás esperando que alguien más la arregle por ti. Tal vez Dios está esperando que *tú* lo arregles. Tal vez digas: "Pero yo no soy esa clase de persona. Dios no usa personas como yo". ¿De verdad? Tal vez necesitas ayunar y orar para que Dios te dé el corazón de "esa clase de persona". Nehemías lo cambió todo para su pueblo: sus vidas, su seguridad, su protección y su futuro. Pero primero tuvo que cambiar él mismo y únicamente Dios podía hacerlo. El corazón es un lugar fascinante, misterioso, profundo y vital dentro de nosotros. Es la raíz de nuestras emociones y de nuestra voluntad. Algunas veces solo Dios puede cambiar esta parte de nosotros. Y a veces necesitamos confiar en él como nunca para realizar la tan necesaria cirugía. El ayuno es una forma muy eficaz de obligarse a confiar en él. Pruébalo hoy, y ora para que Dios se prepare para enviarte a un lugar con él en el que nunca has estado antes: un territorio desconocido.

Milagros y perspectivas espirituales que he descubierto

_____
_____
_____
_____
_____
_____
_____
_____
_____
_____
_____
_____

Día treinta y cuatro
Deuteronomio 3:23-25

> "En aquella ocasión le supliqué al SEÑOR: 'Tú, SEÑOR y Dios, has comenzado a mostrarle a tu siervo tu grandeza y tu poder; pues ¿qué dios hay en el cielo o en la tierra capaz de hacer las obras y los prodigios que tú realizas? Déjame pasar y ver la buena tierra al otro lado del Jordán, esa hermosa región montañosa y el Líbano'".

Moisés quería entrar en la tierra prometida. Había guiado fielmente al pueblo de Dios. Había soportado todas sus discusiones, quejas y disputas. Había mediado por ellos, intervenido en su favor y sufrido por ellos durante cuarenta años en el desierto. Aunque no había sido perfecto y había cometido muchos errores, había corrido una buena carrera. Ahora tenía una última petición: "Déjame pasar y ver la buena tierra al otro lado del Jordán". Quiso morir en la tierra prometida. Pero Dios dijo "no". Dios tenía sus razones. Como el Padre perfecto, siempre sabe y hace lo que es mejor para nosotros. Él puede ver todo lo que hay ante él: el pasado, el presente y el futuro, todo a la vez. No está atrapado en el espacio y el tiempo; él los creó. Y siempre responde a nuestras oraciones. Siempre. A veces dice "sí". A veces dice "todavía no". Y a veces, por razones que no siempre podemos entender, dice suavemente "no". Durante más de un mes, hemos estado orando sobre nuestra lista de oraciones imposibles. Hemos orado, ayunado, a veces hemos llorado y luego hemos buscado las respuestas de Dios. Quiero que recuerden que a veces el milagro está en el "no". Nosotros no podemos ver el otro lado, pero él sí. A veces lo que está al otro lado de ese río nos dolerá o será demasiado para nosotros en este momento. Quiero animarte a que sigas buscando tus milagros cada día. No te des ahora por vencido. Pero también agradece cada respuesta que recibas y sigue confiando en Dios. Estoy seguro de que Moisés entiende ahora lo que no pudo ver entonces. Dios te tiene tomado de la mano. No te rindas cuando decida no concederte algo que simplemente aún no necesitas.

Milagros y perspectivas espirituales que he descubierto

Día treinta y cinco

Efesios 3:14-21

> Por esta razón me arrodillo delante del Padre, de quien recibe nombre toda familia en el cielo y en la tierra. Le pido que, por medio del Espíritu y con el poder que procede de sus gloriosas riquezas, los fortalezca a ustedes en lo íntimo de su ser, para que por fe Cristo habite en sus corazones. Y pido que, arraigados y cimentados en amor, puedan comprender, junto con todos los santos, cuán ancho y largo, alto y profundo es el amor de Cristo; en fin, que conozcan ese amor que sobrepasa nuestro conocimiento, para que sean llenos de la plenitud de Dios.
>
> Al que puede hacer muchísimo más que todo lo que podamos imaginarnos o pedir, por el poder que obra eficazmente en nosotros, ¡a él sea la gloria en la iglesia y en Cristo Jesús por todas las generaciones, por los siglos de los siglos! Amén.

¡Qué oración tan poderosa de uno de los grandes guerreros de la oración de todos los tiempos! Pablo quería que los efesios entendieran realmente a quién estaban orando. Oró para que tuvieran fuerza, poder, raíces profundas, entendimiento, conocimiento y toda la plenitud de Dios habitando en sus corazones a través de la fe y el amor, y luego hizo una declaración muy importante: Nuestro Dios es capaz de hacer muchísimo más de lo que podemos *imaginar*. Quiero que hoy quites todos los tapones, los límites y las barreras que tengas. Comienza tu día en meditación y deja volar tu imaginación. Quiero que veas en tu mente todas las cosas buenas que Dios puede hacer por ti. Revisa tu lista de oraciones imposibles e imagina todas las diferentes maneras en que Dios está en el proceso de responder a esas oraciones. Sé específico. Añade color, olor y detalles. Sal de tu zona de confort por un momento y piensa en las infinitas posibilidades, en las increíbles oportunidades, en el potencial ilimitado y en el número infinito de maneras en que Dios puede armar un escenario para que se produzca tu milagro. Él no se encuentra sujeto a límites ni atrapado en una caja como único espacio donde debe actuar. Es todopoderoso, omnisciente, omnipresente y eternamente amoroso. Recuerda con quién estás hablando cuando oras por estas cosas hoy. Ni siquiera podrías medir cuánto más es lo que puede hacer de lo que le has pedido. Así que, ¿por qué no llevarlo aún más lejos? Empuja los límites de tu fe. Atrévete a soñar de nuevo. Dios es el máximo soñador y nos llama a soñar con él.

Milagros y perspectivas espirituales que he descubierto

_____
_____
_____
_____
_____
_____
_____
_____
_____
_____
_____
_____
_____

Discusión de la quinta semana
Marcos 8:22-26

Cuando llegaron a Betsaida, algunas personas le llevaron un ciego a Jesús y le rogaron que lo tocara. Él tomó de la mano al ciego y lo sacó fuera del pueblo. Después de escupirle en los ojos y de poner las manos sobre él, le preguntó:

—¿Puedes ver ahora?

El hombre alzó los ojos y dijo:

—Veo gente; parecen árboles que caminan.

Entonces le puso de nuevo las manos sobre los ojos, y el ciego fue curado: recobró la vista y comenzó a ver todo con claridad. Jesús lo mandó a su casa con esta advertencia:

—No vayas a entrar en el pueblo.

Temas y preguntas de la quinta semana

- ¿Qué has visto hacer a Dios en tu vida en las últimas cinco semanas?

- Discute de qué manera los ojos de fe ven una situación de manera diferente a los ojos de la carne.

- Discute una maldición del pasado que ahora veas como una bendición. Trae a la mente un momento en el que Dios convirtió tu desastre en tu mensaje.

- Discute por qué crees que Jesús tuvo un acercamiento tan íntimo y personal con este hombre al escupirle en los ojos y colocar sus manos sobre él. ¿Cómo Jesús se ha mostrado íntimo y personal contigo mientras pones en práctica este libro?

Día treinta y seis
2 Corintios 12:7-10

> Para evitar que me volviera presumido por estas sublimes revelaciones, una espina me fue clavada en el cuerpo, es decir, un mensajero de Satanás, para que me atormentara. Tres veces le rogué al Señor que me la quitara; pero él me dijo: "Te basta con mi gracia, pues mi poder se perfecciona en la debilidad". Por lo tanto, gustosamente haré más bien alarde de mis debilidades, para que permanezca sobre mí el poder de Cristo. Por eso me regocijo en debilidades, insultos, privaciones, persecuciones y dificultades que sufro por Cristo; porque, cuando soy débil, entonces soy fuerte.

¿Quieres que un poder asombroso llegue a tu vida? ¿Quieres una energía y un entusiasmo que atraigan resultados milagrosos a tu camino? ¿Quieres pasar a otro nivel y experimentar un verdadero progreso? Aprende el secreto que Dios le reveló a Pablo: *el poder en la debilidad.* Pablo luchó contra su "espina" durante un período que le pareció un largo tiempo, tal vez durante años. Luchó con su naturaleza pecaminosa, luchó con su vergüenza, luchó con sus propios demonios del pasado; y dondequiera que iba había constantes "recordatorios" de su pecado; entonces, descubrió algo: debía jactarse de sus debilidades. Así que, deléitate en tus dificultades. Convierte tu vergüenza en la gloria de Dios. Todas las cosas que antes fueron "maldiciones" se convirtieron en bendiciones en la vida de Pablo. Comenzó a predicar sobre sus defectos como una forma de glorificar a su Padre, diciendo en esencia: "¡Si yo puedo hacerlo, entonces cualquiera puede! ¿Sabes quién fui alguna vez, y quién sigo siendo?". Comenzó a darle a Dios todo el crédito y a atribuirse únicamente los errores como propios. Y un nuevo poder entró en su vida. Hoy no intentes ser perfecto; sé tú mismo. Hoy, no te preocupes tanto por lo que los demás piensen de ti; preocúpate por lo que Dios piensa de ti. Hoy, comparte tus debilidades con los demás, pero sin vergüenza (la culpa me hace sentir mal por lo que hago, mientras que la vergüenza me hace sentir mal por lo que soy; adivina cuál actitud no proviene de Dios). Te sorprenderás cómo captarás el interés o simpatía de la gente por ti. Deléitate con tus debilidades, insultos, sufrimientos, persecuciones y dificultades. Porque cuando eres débil, entonces Dios muestra su fuerza a través de ti. Permítete ser débil y observa cómo el poder comienza a fluir de nuevo en tu vida. Ahora, ora de nuevo esa poderosa oración.

Milagros y perspectivas espirituales que he descubierto

_____
_____
_____
_____
_____
_____
_____
_____
_____
_____
_____
_____
_____
_____

Día treinta y siete
Hechos 16:25-28

> A eso de la medianoche, Pablo y Silas se pusieron a orar y a cantar himnos a Dios, y los otros presos los escuchaban. De repente se produjo un terremoto tan fuerte que la cárcel se estremeció hasta sus cimientos. Al instante se abrieron todas las puertas y a los presos se les soltaron las cadenas. El carcelero despertó y, al ver las puertas de la cárcel de par en par, sacó la espada y estuvo a punto de matarse, porque pensaba que los presos se habían escapado. Pero Pablo le gritó:
>
> —¡No te hagas ningún daño! ¡Todos estamos aquí!

Pablo y Silas estaban atrapados, con los pies encadenados a grilletes, en una celda oscura, húmeda y apestosa. No habían hecho nada para merecer ser tratados así. De hecho, lo habían hecho todo bien. Estaban predicando el evangelio. Estaban sanando y expulsando demonios. Estaban siendo obedientes a Dios. ¿Y ahora estaban encarcelados? ¿Por qué Dios los trataba así? ¿Por qué las cosas no estaban saliendo bien? Ciertamente se merecían algo mejor. ¿Dónde estaba Dios en todo esto? ¿Alguna vez te has sentido así? Has luchado, peleado, sufrido y obedecido, y aun así las cosas no han mejorado. Tal vez tus circunstancias no han mejorado notablemente en las últimas semanas como habías planeado. Te preguntas dónde están tus bendiciones. Tal vez esta situación no tenía nada que ver con Pablo y Silas. Tal vez se trataba del carcelero y su familia. Es difícil recordar eso, especialmente cuando estamos en el fragor de la batalla o en medio de la tormenta. Tal vez tus circunstancias no tienen que ver contigo en absoluto. Tal vez haya una bendición para otra persona en tu perseverancia. Intenta mirar tu situación desde un ángulo diferente. Ve hoy tus circunstancias a través de otros lentes. Tal vez alguien va a ver tu perseverancia. Tal vez ellos están observando y verán tu liberación. Como alguien dijo una vez: "Puede que tú seas lo más parecido a la Biblia que alguien leerá alguna vez". Aguanta. Ora por ello una vez más. Levántate de nuevo y no te rindas. El suelo empieza a temblar y las cadenas empiezan a aflojarse. Hoy es el día en que encontrarás tu señal; hoy es el día en que escaparás de tu prisión.

Milagros y perspectivas espirituales que he descubierto

_____
_____
_____
_____
_____
_____
_____
_____
_____
_____
_____
_____
_____
_____
_____
_____

Día treinta y ocho

Lucas 18:1-8a

> Jesús les contó a sus discípulos una parábola para mostrarles que debían orar siempre, sin desanimarse. Les dijo: "Había en cierto pueblo un juez que no tenía temor de Dios ni consideración de nadie. En el mismo pueblo había una viuda que insistía en pedirle: 'Hágame usted justicia contra mi adversario'. Durante algún tiempo él se negó, pero por fin concluyó: 'Aunque no temo a Dios ni tengo consideración de nadie, como esta viuda no deja de molestarme, voy a tener que hacerle justicia, no sea que con sus visitas me haga la vida imposible'".
>
> Continuó el Señor: "Tengan en cuenta lo que dijo el juez injusto. ¿Acaso Dios no hará justicia a sus escogidos, que claman a él día y noche? ¿Se tardará mucho en responderles? Les digo que sí les hará justicia, y sin demora. No obstante, cuando venga el Hijo del hombre, ¿encontrará fe en la tierra?"

Día y noche siguió pidiendo. Día tras día y mes tras mes, suplicó. Nadie pudo disuadirla, aunque muchos lo intentaron. Ella realmente quería esto. Lo necesitaba. Así que siguió volviendo y volviendo; y luego otra vez lo visitó. ¿Cuánto deseas tu milagro? ¿Lo suficiente para seguir pidiéndolo? ¿Tanto como para volver a intentarlo? ¿Tanto como para aguantar cuando todos los demás se han rendido? Incluso el juez injusto concedió a esta mujer su petición. Incluso un hombre malvado se ablandará si alguien se niega a rendirse. Alguien que ni siquiera tenía consideración por nadie pudo ser persuadido a ceder cuando se sintió fastidiado por alguien que no se cansaba de expresarle su demanda. Ahora bien, ¿qué hay de un Juez justo, de un Padre recto y de Aquel que siempre se preocupa? ¿No crees que él se encargará de que se te haga justicia, y rápidamente? Sé que parece que ha pasado mucho tiempo. Sé que podrías tener muchas pruebas para decir: "Es que él no trabaja así en *mi* vida" o "No actúa así para gente como yo". Y sé que a veces te sientes cansado y desanimado. Recuerda: la luz brilla más en la oscuridad. La noche es más oscura justo antes del amanecer. Sigue acudiendo a tu Padre. Él en verdad se preocupa; es justo; te responderá. Y antes de que busques esa cómoda excusa o ese blanco fácil al que culpar, mientras extiendes la mano para volverte a poner esa ropa de víctima otra vez, ponte de rodillas una vez más. Este es tu día; puedo sentirlo. Acude otra vez el Juez, que resulta ser tu Papito.

Milagros y perspectivas espirituales que he descubierto

_____
_____
_____
_____
_____
_____
_____
_____
_____
_____
_____
_____

Día treinta y nueve
1 Reyes 3:7-14

"Ahora, SEÑOR mi Dios, me has hecho rey en lugar de mi padre David. No soy más que un muchacho, y apenas sé cómo comportarme. Sin embargo, aquí me tienes, un siervo tuyo en medio del pueblo que has escogido, un pueblo tan numeroso que es imposible contarlo. Yo te ruego que le des a tu siervo discernimiento para gobernar a tu pueblo y para distinguir entre el bien y el mal. De lo contrario, ¿quién podrá gobernar a este gran pueblo tuyo?"

Al Señor le agradó que Salomón hubiera hecho esa petición, de modo que le dijo:

—Como has pedido esto, y no larga vida ni riquezas para ti, ni has pedido la muerte de tus enemigos, sino discernimiento para administrar justicia, voy a concederte lo que has pedido. Te daré un corazón sabio y prudente, como nadie antes de ti lo ha tenido ni lo tendrá después. Además, aunque no me lo has pedido, te daré tantas riquezas y esplendor que en toda tu vida ningún rey podrá compararse contigo. Si andas por mis sendas y obedeces mis decretos y mandamientos, como lo hizo tu padre David, te daré una larga vida.

Esta fue una oración que cambió la vida de Salomón. Él no lo sabía mientras oraba, pero esta oración no solo cambiaría su vida, sino el destino de toda una nación. Oró por sabiduría. Pidió ayuda para liderar al pueblo de Dios. Oró con humildad y sumisión. Incluso parece que ¡sorprendió a Dios con esta petición! Dios esperaba que orara por riqueza y larga vida y por la derrota de sus enemigos (eso es lo que siempre le piden).

Y como vimos en el día dedicado a Jabes, está bien si lo haces. Pero aquí Salomón hace algo inesperado: ora sinceramente por sabiduría, sabiendo que no tiene todo lo que necesita para ser el hombre que Dios le ha llamado a ser. ¿Puedes hacer eso hoy? ¿Puedes pedirle a Dios, sincera y humildemente, que te proporcione *sea lo que sea* que necesites para ser el hombre o la mujer que él quiere que seas? Eso significa aceptar incluso los momentos difíciles, las circunstancias humillantes, las pruebas como fuego que te pulirán y el dolor que sea necesario. ¿Confías plenamente en él y que te dará todo lo que necesitas? Es de esperar que durante el último mes hayas desarrollado nuevos hábitos y una nueva mentalidad. También debería surgir una nueva confianza. Sigue adelante y pídele a Dios que haga lo que sea necesario, y luego ¡cuidado! Tal vez te sorprenda como sorprendió a Salomón. Tal vez te dé lo que quieres además de lo que necesitas. Adelante, inténtalo; ¿qué puedes perder? Él está esperando.

Milagros y perspectivas espirituales que he descubierto

_____
_____
_____
_____
_____
_____
_____
_____
_____

Día cuarenta

Marcos 5:35-42a

> Todavía estaba hablando Jesús cuando llegaron unos hombres de la casa de Jairo, jefe de la sinagoga, para decirle:
>
> —Tu hija ha muerto. ¿Para qué sigues molestando al Maestro?
>
> Sin hacer caso de la noticia, Jesús le dijo al jefe de la sinagoga:
>
> —No tengas miedo; cree nada más.
>
> No dejó que nadie lo acompañara, excepto Pedro, Jacobo y Juan, el hermano de Jacobo. Cuando llegaron a la casa del jefe de la sinagoga, Jesús notó el alboroto, y que la gente lloraba y daba grandes alaridos. Entró y les dijo:
>
> —¿Por qué tanto alboroto y llanto? La niña no está muerta, sino dormida.
>
> Entonces empezaron a burlarse de él, pero él los sacó a todos, tomó consigo al padre y a la madre de la niña y a los discípulos que estaban con él, y entró adonde estaba la niña. La tomó de la mano y le dijo:
>
> —Talita cum (que significa: Niña, a ti te digo, ¡levántate!).
>
> La niña, que tenía doce años, se levantó en seguida y comenzó a andar.

Has llegado al final de los primeros cuarenta días de oración. Espero que hayas encontrado algunos milagros a lo largo del camino y que hayas empezado a tachar algunas cosas de tu lista de oraciones imposibles. Este es un programa que hace referencia a un progreso, no a la perfección, así que espero que no te hayas desanimado (¡siempre puedes volver a hacerlo con más fe y esfuerzo!). Pero tal vez todavía estés esperando ver a Dios moverse. Aquí vemos a Jesús enfrentado a otra situación "imposible". La niña estaba muerta. No hay que molestar más al Maestro, porque todo el mundo sabe cuándo es el momento de rendirse, y éste era el momento. Jairo estaba siendo tentado a rendirse, porque todo el mundo a su alrededor le decía que se diera por vencido y ya no tocara el tema. Incluso se reían de la fe, o de la visión que tenía Jesús cuando le dijo a Jairo que creyera. Todo se reduce a lo que uno cree que es verdad. Para los que no creen en los milagros, es muy difícil presenciar alguno. Si crees que Dios ya no trabaja milagrosamente, o si piensas que él obra, pero no de una manera "bíblica", entonces no verás el poder de Dios de la misma manera que lo ve alguien que lo hace con ojos de fe. Realmente no importa lo que otros piensen de tu lista de oraciones imposibles; solo importa lo que tú pienses. No importa lo que otras personas crean que es o no es posible en tu vida; solo importa lo que tú crees. Date cuenta cómo responde Jesús a las dudas y a las risas: las ignora y mantiene su mirada en Jairo. "Cree nada más, y verás el poder de Dios. Nada es imposible para él; solo confía en mí. *¿Crees?*" Te lo pregunta a ti. Tienes que decidir qué es lo que crees que es imposible o demasiado difícil para el Señor. ¿Y yo? He podido ver demasiado como para dudar de él. Todo es posible para él, y me refiero a "cualquier cosa". Ahora continúa tu viaje de fe.

Milagros y perspectivas espirituales que he descubierto

_____
_____
_____
_____
_____
_____

Discusión de la sexta semana

Temas y preguntas de la sexta semana

- Es hora de repasar los primeros cuarenta días de oraciones imposibles: ¿Cuál fue la mayor epifanía, progreso o revelación que experimentaste a lo largo de este viaje de seis semanas?

- Comparte una respuesta específica a una de tus oraciones imposibles y cómo la descubriste.

- Discute las formas en que puedes conservar ese impulso espiritual de aquí para adelante.

Conclusión

Lucas 8:42b-48

> Jesús se puso en camino y las multitudes lo apretujaban. Había entre la gente una mujer que hacía doce años que padecía de hemorragias, sin que nadie pudiera sanarla. Ella se le acercó por detrás y le tocó el borde del manto, y al instante cesó su hemorragia.
>
> —¿Quién me ha tocado? —preguntó Jesús.
>
> Como todos negaban haberlo tocado, Pedro le dijo:
>
> —Maestro, son multitudes las que te aprietan y te oprimen.
>
> —No, alguien me ha tocado —replicó Jesús—; yo sé que de mí ha salido poder.
>
> La mujer, al ver que no podía pasar inadvertida, se acercó temblando y se arrojó a sus pies. En presencia de toda la gente, contó por qué lo había tocado y cómo había sido sanada al instante.
>
> —Hija, tu fe te ha sanado —le dijo Jesús—. Vete en paz.

Esta mujer había estado en una situación desafiante que había afectado gran parte de su vida durante doce años. Había sufrido, orado y gastado todo lo que tenía para conseguir la ayuda que necesitaba; sin embargo, las cosas empeoraban. Entonces conoció a Jesús. Ella hizo un esfuerzo final, a pesar de tener todo en contra. Jesús era su última esperanza. Después de esto, daría por terminado el tema. Pero entonces ella se encontró con él, extendió la mano y lo tocó con fe. Ella se aferró, y eso hizo toda la diferencia. A Dios le encantan los cambios de marcador de último momento. Espero que eso sea lo que te haya sucedido contigo en las últimas seis semanas de este proyecto. Nos hemos acercado a él con fe y ahora continuamos. Es hora de aferrarte al borde de su manto y no soltarlo.

Felicidades por haber roto barreras espirituales. Si has seguido los pasos y los estudios y escribiste en el diario cada día, entonces estoy seguro de que has visto cosas increíbles a lo largo de este viaje de seis semanas. Has registrado evidencia muy importante en tu diario de "Milagros y perspectivas espirituales que he descubierto". Tal vez Dios te ha dado recursos que necesitabas mucho, te ha proporcionado sanación para tu cuerpo o tus relaciones, te ha abierto nuevas puertas para tu carrera o su vida personal, o tal vez se ha presentado para rescatarte en medio de un incendio, una tormenta o en el desierto donde vagabas. Te prometo que él ha respondido y continuará respondiendo cuando lo llames; te protegerá en tu camino, y te librará de todo daño. ¿Has desarrollado algunos hábitos nuevos en los últimos cuarenta días? ¿Las tareas que solían ser difíciles se han vuelto un poco más fáciles? ¿Has empezado a fijarte en cosas y a descubrir cosas que antes pasaban desapercibidas para ti? No te detengas ahora. Sigue con este gran e importante trabajo del alma. Cuarenta días es solo un comienzo. Sin embargo, ahora tienes un valioso impulso que puede serte de gran utilidad en tu vida espiritual. O tal vez te ha servido para rescatar a otra persona en su camino. Por favor, continúa siendo ese buen ejemplo para que esa persona lo siga.

Ahora es el momento de hacer algunas oraciones imposibles nuevas y frescas, y seguir con la búsqueda y registro diario. Comparte este reto de cuarenta días con un amigo que pueda necesitarlo desesperadamente. Transmite lo que se te ha dado a manos llenas. Deja que otra persona tome prestada tu fe en un momento en que la suya es débil. Todos necesitamos ayuda y todos podemos aplicar la rendición de cuentas en nuestra vida espiritual. Cosecharás grandes recompensas de la disciplina espiritual cuando ella se combine con tener una fe de niño y grandes expectativas. Continúa esta buena lucha y no te permitas desanimarte. Mantén el impulso rompiendo los hábitos de quejarte, poner excusas, culpar y renunciar. Asume tu responsabilidad cada día y sigue invocando a nuestro gran Dios, que siempre está escuchando, observando y trabajando.

> Al que puede hacer muchísimo más que todo lo que podamos imaginarnos o pedir, por el poder que obra eficazmente en nosotros, ¡a él sea la gloria en la iglesia y en Cristo Jesús por todas las generaciones, por los siglos de los siglos! Amén.
>
> —Efesios 3:20-21

Te deseo todo lo mejor en la vida. Tal vez nos encontremos en el camino en este viaje de la fe. Hasta entonces: ¡Sigue orando!

—Kit Cummings

A medida que tus oraciones imposibles sean respondidas, publícalas para animar a otros a creer y participar.

Mi nueva lista de oraciones imposibles

1) _____
2) _____
3) _____
4) _____
5) _____
6) _____
7) _____
8) _____
9) _____
10) _____

> "Tengan fe en Dios —respondió Jesús—. Les aseguro que, si alguno le dice a este monte: 'Quítate de ahí y tírate al mar', creyendo, sin abrigar la menor duda de que lo que dice sucederá, lo obtendrá. Por eso les digo: Crean que ya han recibido todo lo que estén pidiendo en oración, y lo obtendrán. Y cuando estén orando, si tienen algo contra alguien, perdónenlo, para que también su Padre que está en el cielo les perdone a ustedes sus pecados".
>
> —Marcos 11:22-25

Sigamos moviendo algunas montañas ...

Sobre Kit Cummings

En 2010, Kit fundó el Proyecto Poder de la Paz. Utilizando la experiencia que adquirió resolviendo conflictos en algunas de las zonas más peligrosas del mundo, aplica sus principios para propiciar el cambio en las prisiones, las escuelas, las empresas y las comunidades de fe. En el Día de Martin Luther King de 2020, Kit obtuvo un reconocimiento de la NAACP recibiendo su premio Martin Luther King, Jr. Living the Dream (viviendo el sueño) por su contribución a los derechos civiles y su trabajo con los jóvenes en riesgo y la reforma penitenciaria. También fue nombrado miembro del Committee on Youth Gangs and Violence (comité sobre pandillas juveniles y violencia) de la cámara de representantes de Georgia en 2019, como parte de la iniciativa del Gobernador Kemp para reformar las prisiones y eliminar la violencia de las pandillas juveniles.

Kit ha estado en más de cien prisiones, cárceles, centros de detención y centros de rehabilitación durante la última década y ha trabajado con más de diez mil presos y residentes. Ha viajado en giras por África, Asia, Europa y América Latina, y ha negociado la paz entre algunas de las más notorias bandas dentro del sistema penitenciario de Estados Unidos. Pronunció un discurso sobre sus poderosos proyectos de paz en la Gandhi Global Peace Summit (cumbre mundial de la paz Gandhi) de 2012 en Durban, Sudáfrica, ante representantes de las familias de Gandhi, King y Mandela, así como ante otros emblemáticos promotores de la paz de todo el mundo, incluido el asistente especial del Dalai Lama. Kit ha llevado sus charlas de Cuarenta Días de Oración a la prisión de La Mesa, controlada por un cártel, en Tijuana, México, para trabajar con hombres que se esfuerzan por ser libres, así como ha trabajado con adictos y jóvenes en riesgo en algunas de las zonas más violentas de esa ciudad fronteriza devastada por la guerra. Ha plantado semillas de paz en todo el mundo.

Kit es autor de cinco libros, entre ellos el premiado *Peace Behind the Wire, a Nonviolent Resolution* (paz detrás de las rejas, una resolución no violenta), que ha recibido el respaldo de la familia King, y también ha lanzado la emisora de radio Power of Peace (poder de la paz). El libro de Kit, *Protect the Dream* (protege el sueño), lleva a los jóvenes a un viaje para desarrollar el carácter y el liderazgo, diseñado para enseñar a los niños a tener grandes sueños y a protegerlos a toda costa. El Proyecto Poder de la Paz crea modelos positivos muy necesarios en nuestras escuelas y comunidades. Kit puso en marcha su POPP Community Peace Initiative (iniciativa comunitaria por la paz POPP) en Selma, Alabama, mientras lleva a cabo el sueño del Dr. King en esa ciudad icónica de los derechos civiles. Así que la pregunta es: ¿estás preparado para el Poder de la Paz?

Disponible a
www.KitCummings.com

Disponible a
www.KitCummings.com

Disponible a
www.KitCummings.com

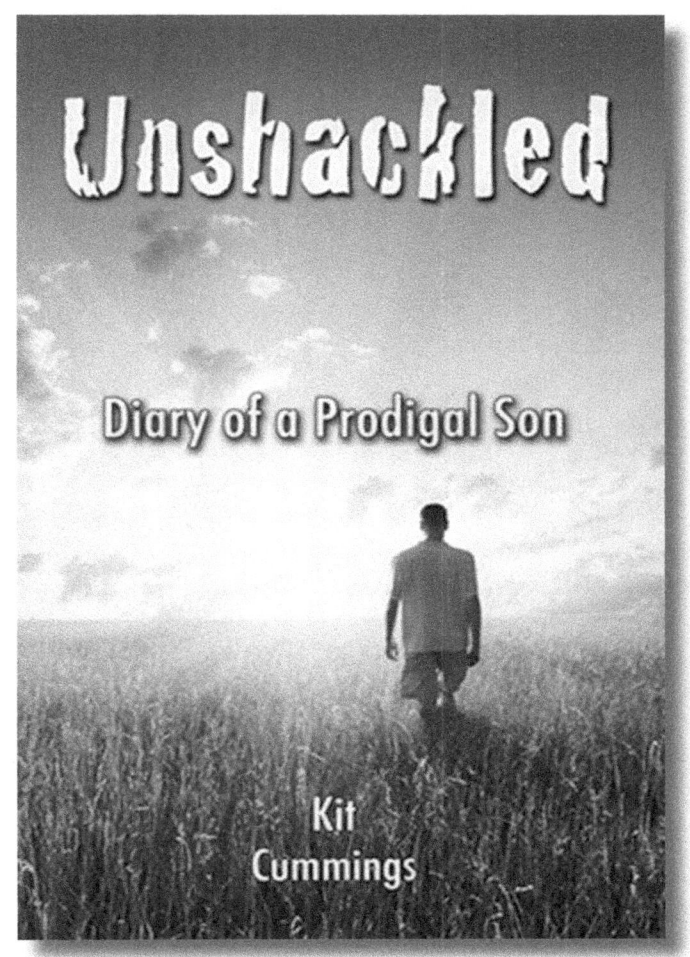

Disponible a
www.KitCummings.com

www.ipibooks.com

Printed in the USA
CPSIA information can be obtained
at www.ICGtesting.com
JSHW020021100124
55125JS00001B/5

9 781953 623768